アジアの基礎知識　2

田村慶子
Tamura Tsuji Keiko

シンガポールの基礎知識

めこん

シンガポールの基礎知識・目次

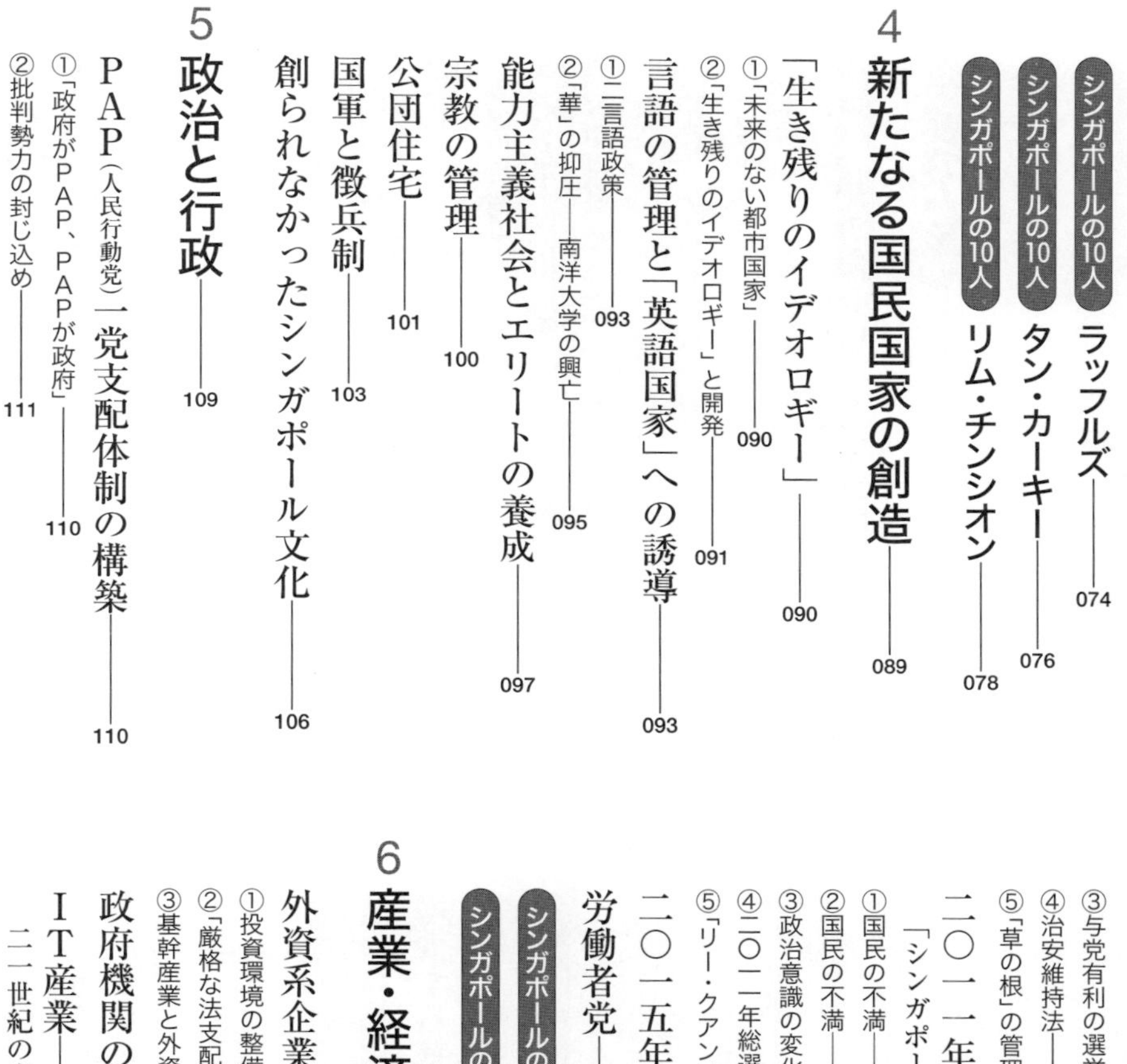

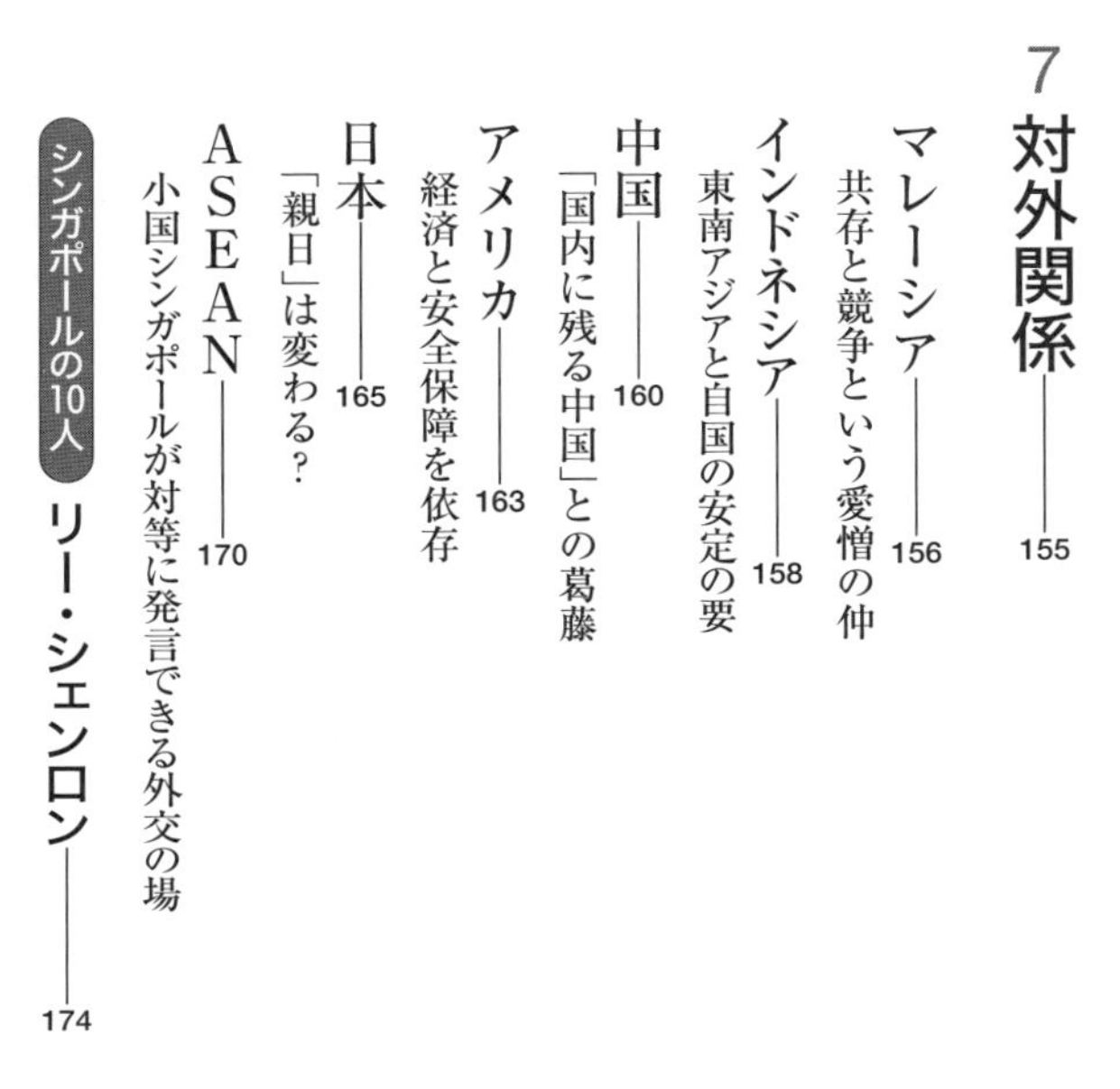

1 シンガポールはどんな国か

資源のない小国ながら、シンガポールの一人あたりGDPは二〇一四年で五万六〇〇〇米ドルに達した。これは独立時（一九六五年）の約一〇〇倍である。

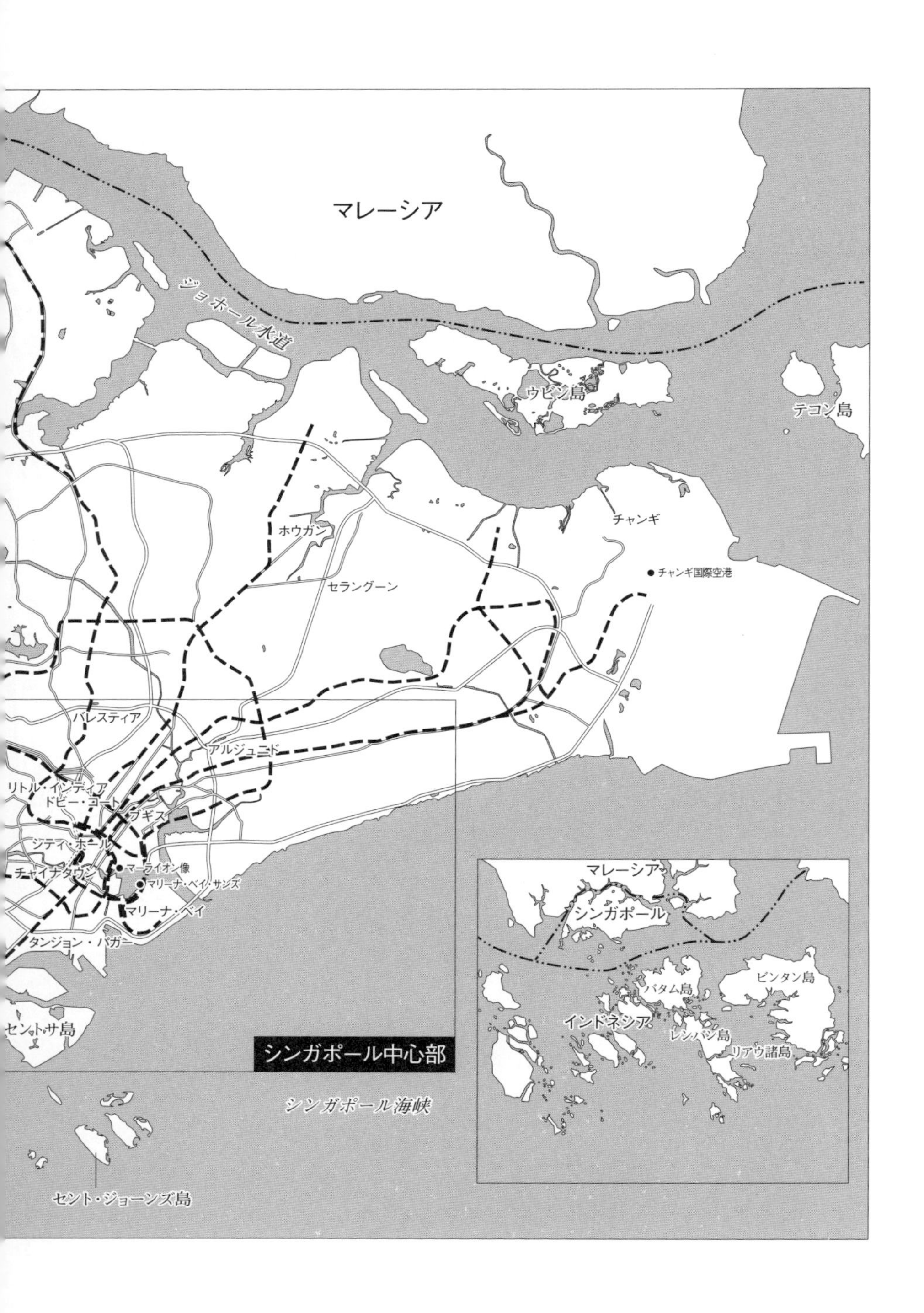
マレーシア
ジョホール水道
ウビン島
テコン島
チャンギ
ホウガン
チャンギ国際空港
セラングーン
バレスティア
アルジュニド
リトル・インディア
ドビー・ゴート
ブギス
シティ・ホール
マーライオン像
チャイナタウン
マリーナ・ベイ・サンズ
マリーナ・ベイ
タンジョン・パガー
セントーサ島
シンガポール中心部
シンガポール海峡
セント・ジョーンズ島
マレーシア
シンガポール
ビンタン島
バタム島
インドネシア
レンパン島
リアウ諸島

ジョホール・バル
コーズウェイ第１リンク
コーズウェイ第２リンク
南洋理工大学
ブキッ・ブラウン墓地
マックリッチー貯水池
ブキッ・ティマ
ジュロン工業地帯
ジュロン
オーチャード
シンガポール国立大学
シンガポール川
ジュロン水道
ジュロン島
シンガポール島
国境
道路
MRT

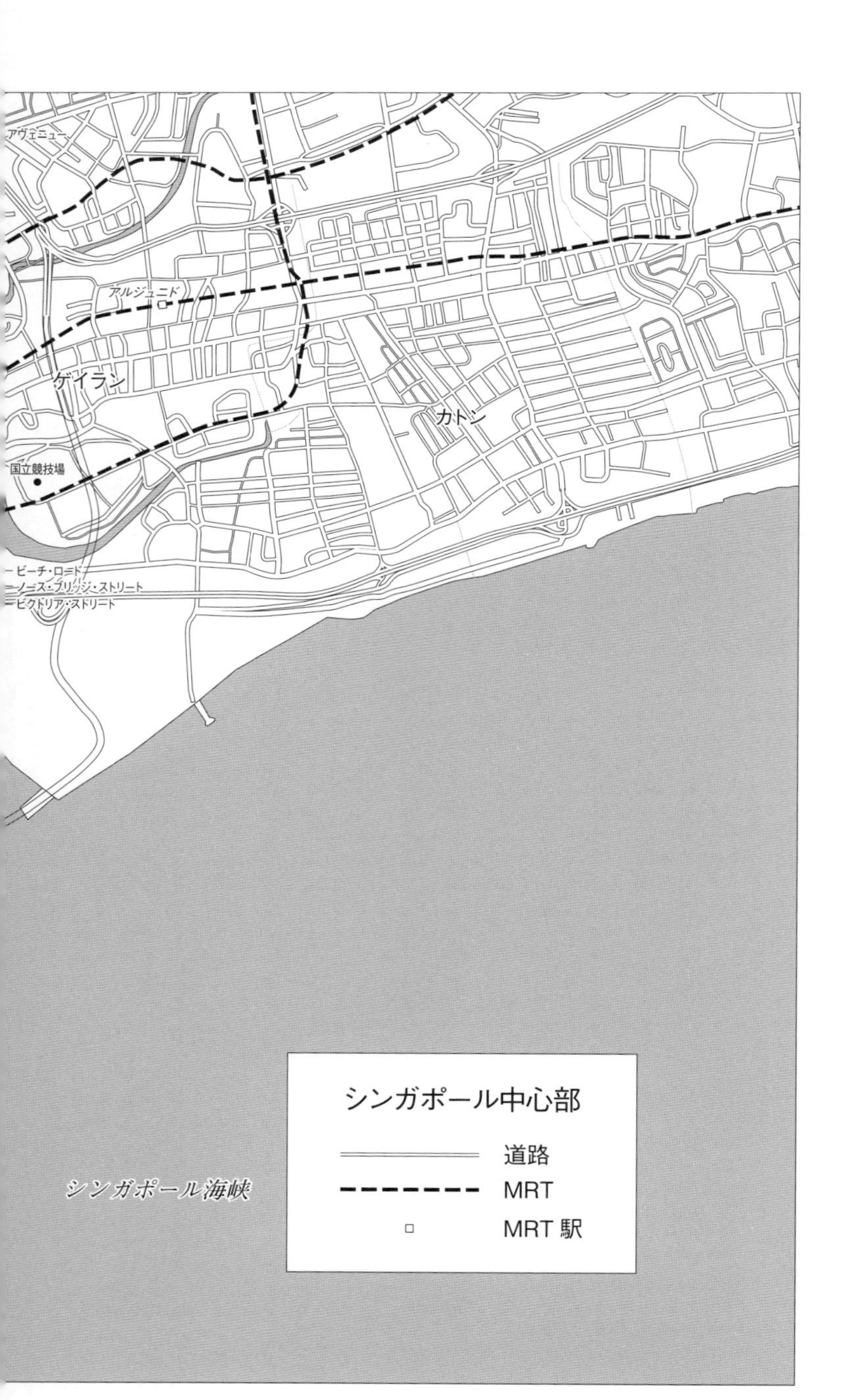

アヴェニュー
アルジュニド
ゲイラン
カトン
国立競技場
ビーチ・ロード
ノース・ブリッジ・ストリート
ビクトリア・ストリート
シンガポール海峡
シンガポール中心部
道路
MRT
MRT 駅

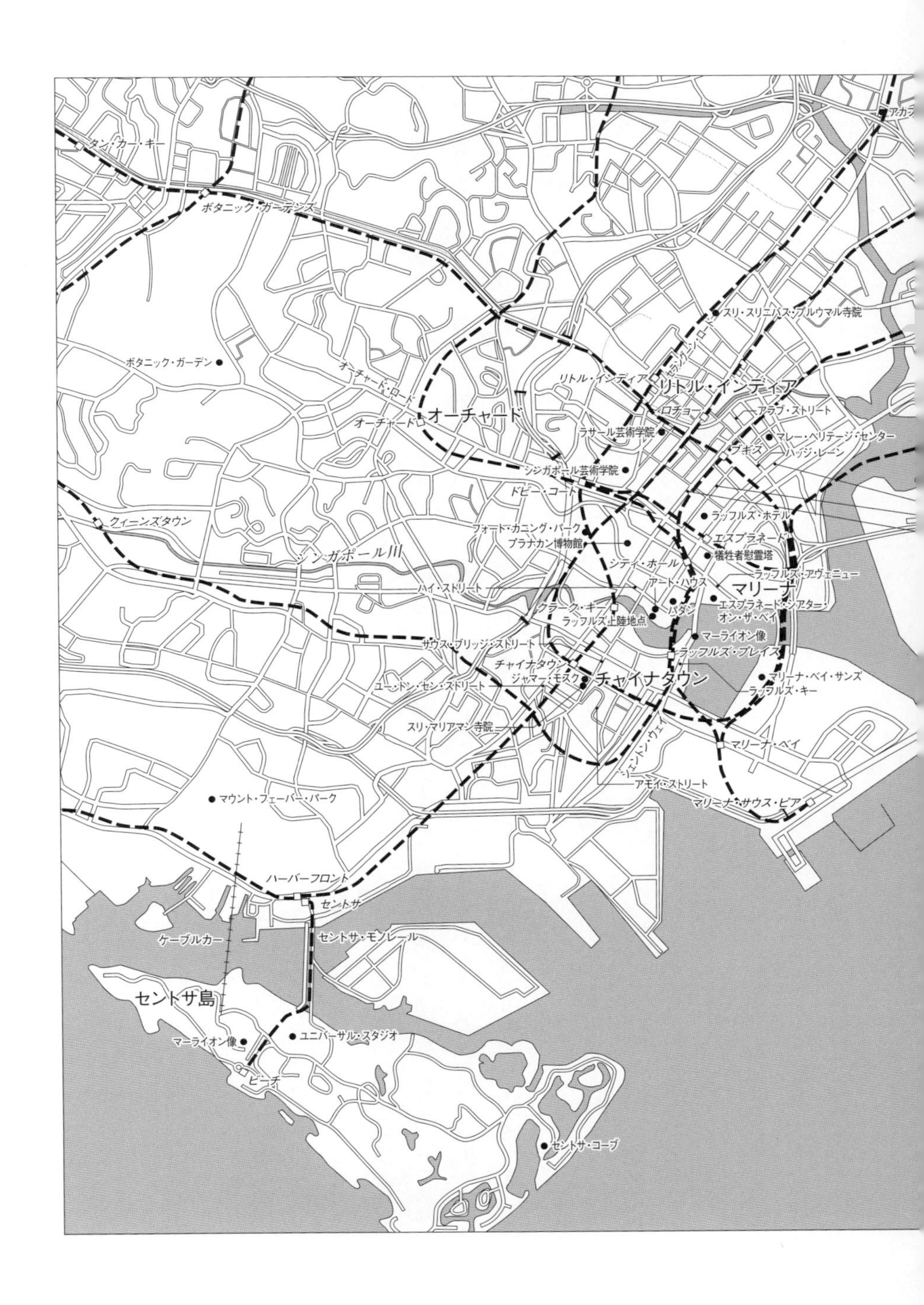
タン・カー・キー
ボタニック・ガーデンズ
スリ・スリニバス・プルウマル寺院
ボタニック・ガーデン
オーチャード・ロード
リトル・インディア
リトル・インディア
オーチャード
オーチャード
ロチョー
アラブ・ストリート
ラサール芸術学院
マレー・ヘリテージ・センター
ブギス
ハッジ・レーン
シンガポール芸術学院
ドビー・ゴート
ラッフルズ・ホテル
クィーンズタウン
フォート・カニング・パーク
プラナカン博物館
エスプラネード
犠牲者慰霊塔
シンガポール川
シティ・ホール
ラッフルズ・アヴェニュー
アート・ハウス
マリーナ
ハイ・ストリート
クラーク・キー
パダン
エスプラネード・シアター・オン・ザ・ベイ
ラッフルズ上陸地点
マーライオン像
サウス・ブリッジ・ストリート
ラッフルズ・プレイス
チャイナタウン
チャイナタウン
ジャマー・モスク
マリーナ・ベイ・サンズ
ユー・トン・セン・ストリート
ラッフルズ・キー
スリ・マリアマン寺院
シェントン・ウェイ
マリーナ・ベイ
アモイ・ストリート
マウント・フェーバー・パーク
マリーナ・サウス・ピア
ハーバーフロント
セントサ
ケーブルカー
セントサ・モノレール
セントサ島
ユニバーサル・スタジオ
マーライオン像
ビーチ
セントサ・コーブ

豊かで安全な都市国家

シンガポールはマラッカ海峡を臨むマレー半島の南端に位置する小さな都市国家で、大陸部東南アジアと島嶼部東南アジアを結び、インド洋と太平洋をつなぐ十字路に位置する。地震や台風という自然災害の心配はほとんどない。

赤道直下の熱帯モンスーン気候に属しているため一年中高温多湿だが、雨季の一〇月から三月はスコールが多くて気温も下がるので、夜は肌寒い。四月から九月は乾季で雨が少なく、空気も比較的乾燥している。五月から八月はかなり暑く、連日三〇度を超える日が続く。ただ、乾季であっても短時間のスコールにはたびたび見舞われる。スコールは雷を伴うことが多く、数メートル先の建物さえ見えないくらいの豪雨と、強烈な雷鳴と落雷の光が続くこともある。しかし近年は地球全体の異常気象のせいか、スコールの時間が以前よりも長くなり、雨季と乾季の区別が曖昧になってきた。

シンガポールは豊かな国である。国際通貨基金の統計によれば、二〇一四年のシンガポールの一人あたり国内総生産（GDP）は、世界第九位にランクされた。ちなみに日本は第二七位である。

この国がいかに豊かなのかは、空の玄関口チャンギ国際空港でまず実感できる。この空港は年間六六〇〇万人の収容能力を持つ三つのターミナルを持ち、世界六〇ヵ国二八〇都市を結ぶ航空便が乗り入れているという巨大なハブ空港である。空港内にはトランジット客のために映画館やプール、シャワールームがあり、さらには無料の市内ツアー（五時間以上待ち時間があれば利用可能で無料）も行なわれている。また、数多くの飲食店や免税のブランドショップが並び、宿泊施設も充実している。チャンギ国際空港は旅行雑誌のアンケートで二〇一五年には「世界で最も優れた空港」に三年連続で選ばれ、さらに空港内のバーラウンジ、プール、ホテルなどの娯楽施設が評価され、「空港内のレジャーや娯楽施設が最も整っている空港」にも七年連続で選ばれている。

チャンギ国際空港からタクシーで約二五分走ると、最大の繁華街オーチャード・ストリートに着く。ここは世界有数のショッピング通りで、伊勢丹や高島屋などの日

写真1　高層団地群。

系百貨店やアルマーニ、ルイ・ヴィトンやシャネルといった高級ブランド専門店、高級ホテルが軒を連ね、お洒落なレストランやカフェもひしめき合っている。

都心だけではなく、郊外の拠点地区にも大型のショッピング・モールがオープンし、新しい高層の公団住宅や病院もある。わざわざショッピングのためにオーチャードまででかけなくても、ほぼすべてのことが郊外の拠点地区でも可能となっている。

水道水がそのまま飲めることも、この国が豊かで安全であることを示している。水資源に乏しいシンガポールは、原水をマレーシアから購入し、国内で浄化して水道水として使い、さらにその浄水をマレーシアに売却している。この浄水技術が優れているために、水道の水を(けっして美味しくはないが)飲むことができる。

治安は日本よりも良いと言えるかもしれない。犯罪発生率は一〇万人あたり一六七件で、殺人事件だけに限ると〇・二件、日本よりも低い。犯人検挙率は五〇%を超える。

また、都心から郊外に至るまで林立する高層団地群の眺めも、豊かなシンガポールを象徴する風景の一つであ

写真2　豪華な一戸建て住宅。

ろう（写真1）。

二〇一五年でシンガポール人の八〇％がHDB（Housing Development Board 住宅開発庁）フラットという高層の公団住宅に住む。HDBフラットには日本の1DKにあたる一部屋タイプから、4DKにあたる五部屋タイプ、およびエクゼクティブ・タイプと呼ばれる五部屋以上のゆったりしたタイプまで六種類ある。価格は新規分譲と中古、また場所によって大きく異なるが、フラットの広さは日本のアパートやマンションよりもかなり広い。HDBフラットに住む世帯の四〇％が四部屋タイプに、三一％が五部屋およびエクゼクティブ・タイプに住んでいる。

なお、HDBフラットは分譲（九九年リース）が原則である。購入せずに賃貸フラットに住むためには厳しい所得制限があり、一定以下の低所得者しか賃貸フラットに入居することはできない。したがって、多くの人々はHDBフラットを購入せざるをえないから、フラットの九三％は分譲（持ち家）となっている。

一方、世帯平均月収が約一万シンガポールドル（一シンガポールドルは約八六円）以上の高所得者は公団に住むことができないため、価格の高いコンドミニアムや一戸建て住宅に住まなければならないが、このような高所得者はこの五年間で一六・五%から一七・八%と増加し、豪華な一戸建てや最新デザインのコンドミニアムの売れ行きは好調である。国内の高所得者に加え、海外の富裕層や海外投資家も購入しているため、住宅価格は高騰している。一戸建てやコンドミニアムの値段は日本よりもかなり高い（写真2）。

ただ、このような豪華な一戸建てに住む富裕層と賃貸フラットに住む貧困層の所得格差はものすごく大きい。富裕層が高級車を見せびらかすように自宅車庫に何台も並べる一方で、生きていくのがやっとという貧困層の暮らしは悲惨である。シンガポールには失業保険も公的な年金制度もなく、政府の社会的な支援は短期的一時的なもので、政府は貧困者や障がい者のような恵まれない人々には雇用機会を与えて自立を促し、また「多くの援助の手」（募金やボランティア）が支援を行なうことを奨励している。

交通渋滞の少ない国

シンガポールの面積は東京都二三区より少し大きい程度であるが、二〇一四年六月で五四七万人もの人が住んでいて、人口密度は世界第一位である。

人口密度がこんなに大きいと、どこに行っても混雑していて生活しにくいように思えるが、都心部の規制区域へ進入する自動車に料金を賦課することで交通量を削減するという「ロードプライシング」という制度によって、中心部の交通渋滞はかなり緩和されている。バスやタクシー、自家用車という車種および時間帯などに応じて料金は細かく設定され、自家用車は最も高い。道路を利用する必要のない人は遠慮してもらうというこの制度は、きわめて合理的である。

交通渋滞が緩和されているのは、「ロードプライシング」とともに「車両割当制度」のおかげである。これは新しく購入できる自動車台数に上限を設け、車両交通許可証を公開入札で落札した人だけが自動車を購入できるという制度である。許可証の値段は五万～八万（一時は一〇万シンガポールドルに迫るまでに高騰した）シンガポールドルとかなり高額で、さらに自家用車には高額の税金が課せられ、高級車になればなるほど税金が高い。ドイツやアメリカの高級車は日本で買う方がずっと安い。

それでも平均すると現在二世帯に一世帯は自家用車を持っている。高級車を保持することが一種の社会的ステータスになり、ポルシェやＢＭＷをよく見かけるようになった。

一方、公共交通網はアジア最高の水準と評価されているので、車を使わなくても移動は効率的に行なえる。ＭＲＴ（Mass Rapid Transit）と呼ばれる大量高速鉄道（都心では地下鉄、郊外では高架鉄道となる）の東西線が開通したのは一九八七年で、二〇〇二年にはチャンギ国際空港まで延伸、その翌年には東北線も開通した。その後も南北線、環状線が整備・延伸されて現在は五路線となった。既に大阪市営地下鉄全線の長さを上回っている。また、郊外のニュータウンにはＭＲＴよりも容量の小さい高架鉄道（ＬＲＴ＝Light Rapid Transit）が開通した。

現在のＭＲＴはさらに延伸され、また新路線の建設も予定されていて、国中にＭＲＴネットワークを張り巡らす計画である。二〇二一年までには人口一〇〇万人あたりの鉄道密度が五一キロと、東京の三五キロ、香港の三一キロを上回り、二〇三〇年には五四キロと、ロンドンの五五キロとほぼ同水準となる予定である。

現在は橋でつながるマレーシア南端ジョホール州の州都ジョホール・バルまでＭＲＴを伸ばす構想も具体化しつつある。一方、ＭＲＴとともに公共交通を担うバスはＭＲＴが整備されても縮小されず、台数の増加を含めて、更なる拡充が計画されている。

これら公共交通機関の料金は、日本の「Suica」と同じような「ezlink」というプリペイド・カードで支払い可能である。改札口のセンサーにカードをかざすだけで自動的に料金が引き落とされる仕組みで、使うたびに残高が表示され、残りが少なくなったら自動券売機で増額することができる。このカードはタクシー、スーパーマーケットやコンビなどでの支払いでも使えるし、学校内の売店やコピー機でも使用可能である。

外国人の多い国

シンガポールに住む五四七万人のうち、市民（国籍保持者）は三三四万人、参政権はないが、公団住宅や教育などで市民に準ずる優遇的な扱いを受けられる永住権保持者は五三万人、長期滞在の外国人（短期滞在の観光客は含まない）は一五九万人である。市民と永住権保持者をシンガポール人と呼び、その内訳は、七四％が華人、一三％がマレー系、九％がインド系、その他がアラブ系やユーラシア系である。華人の大多数は福建、広東など中国南部出身者およびその子孫である。

日本では東南アジアに居住する中国系住民のことを現在でも「華僑」と呼ぶが、華僑とは中国の国籍を保持しながら他の国に長期にわたって居住する者のことで、居住国の国籍を取得した中国系住民のことは「華人」と呼ぶ。現在の東南アジアの中国系住民はほとんどが華人である。なお、本書では国籍の有無や時代にかかわらず、中国系住民を華人という表現で統一する。

シンガポール人の他に外国人が一五九万人も住んでいるため、短期間であってもシンガポールで仕事や生活をすると、外国人（労働者、留学生、研修生、およびその家族）と同僚になったり、隣人になったりする。家庭に入って家事・育児・介護を担う外国人家事労働者（シンガポールではメイドと呼ばれる）や建設現場で汗を流す肉体労働者も多数いる。

大学のキャンパスにも外国人が溢れている。主要な二つの大学（シンガポール国立大学と南洋理工大学）の学生のうち三四％余りが外国人留学生であり、その出身国は一二〇ヵ国に及ぶ。政府は留学生をさらに増加させる予定である。ちなみに、東京の主要大学の学生に占める留学生の割合は五％ほどである。

増え続ける外国人に国内インフラの整備が追いつかず、住宅価格が急騰するなど物価が高騰し、交通機関が混雑した。また、未熟練労働者など給与の安い外国人の増加は低所得のシンガポール人の給与を圧迫しているため、大量の外国人の存在は近年国民の強い反発を招いている。

シンガポールの魅力

長い歴史と荘厳な遺跡を持つタイやカンボジアとは異なり、シンガポールは歴史が浅く、街を歩けば無味乾燥な超高層ビルばかりではあるが、二〇一三年にシンガポールを訪れた外国人は、人口をはるかに上回る一五五六万七九〇〇人であった。うち日本人は約八三万人と第六位で、この五年間で二六万人も増加している。日本の大手旅行会社がまとめた「二〇一二年から二〇一三年の年末年始人気渡航先上位一〇都市」では、シンガポールは第四位であった。

こんなに多くの外国人観光客が訪れるのは、シンガポール政府が主導して多くの魅力的な観光施設を作りつづけていることが大きな理由であろう。建国後まもない一九七二年には観光客が記念撮影できるようなシンボルとしてマーライオン像が作られた。その由来は、一一世紀にこの島を訪れたシュリヴィジャヤー王国の王子が海岸近くでライオンらしい動物を見つけ、サンスクリット語で「シンガプラ（獅子の街）」と名づけたという伝説に基づいている。ライオンに魚のヒレをつけたのは、海の交易の街として栄えたシンガポールを象徴するためである。

同時に政府は、中国からの移民の集中居住区であったチャイナ・タウンや、インド人移民の居住区リトル・インディアを、「中国」や「インド」の雰囲気や食事が味わえるように整備し、モスク（イスラム寺院）やアラブ風の店が並ぶアラブ・ストリートを作り、セントサ島の総合開発を行なって、最近ではカジノも二つ建設した。もちろん、イギリス植民地時代に作られた広大な植物園ボタニック・ガーデンや、落ち着いたコロニアル様式のホテルも整備・改修されて健在である。ボタニック・ガーデンは二〇一五年にシンガポール初の世界文化遺産に登録された。また、主要な道路の両脇には街路樹がきれいに整備され、シンガポールは「ガーデン・シティ（庭園都市）」と呼ばれている（写真3）。

政府の思惑どおり、日本を含む外国人観光客にとってシンガポールの魅力は、「中国、マレー、インドの伝統文化と料理が味わえ、イギリスのハイティーも楽しめる異国情緒たっぷり、そしてショッピングを楽しんでカジノで遊べる美しい国」となった。

もっとも、このようなお手軽な観光だけではなく、シンガポールは日本にとって重要な貿易相手国であり、日本からの投資も活発に行なわれている。シンガポールには二〇一三年で三万人余（大使館に邦人登録をしている人数のみ）の日本人が居住するという巨大な日本人コミュニティが存在する。日本の大手デパートや書店、寿司屋からラーメン店も目立ち、日本人学校も幼稚園から高校まであり、日本の大手進学塾も進出している。日本人医師が常駐するクリニックも複数あって、日本と変わらない生活を送ることができる。

写真３　主要道路は両側に街路樹が整備されている。

英語が通じる国

シンガポールでは英語はどこに行っても通じるが、多くのシンガポール人は英語に加えて少なくとももう一つの言語を話す。華人であれば英語と華語（標準中国語のことを東南アジアでは華語と言う）、高齢の華人であれば福建や広東など中国南部の言語、マレー系は主に英語とマレー語、インド系は英語とタミル語やウルドゥ語などである。英語が普及したのは一九六六年に教育現場で採用された二言語政策の成果で、英語を第一言語、それぞれの民族語（華人は華語、マレー系はマレー語、インド系はタミル語やウルドゥ語などから選択できる）を第二言語として学ぶことが義務付けられたからである。

ただ、主要な科目はすべて英語で行なわれるために、英語が理解できなければ進級・進学できず、高い収入を得る職業にも就けないから、子どもも大人も英語の習得に積極的に励んだ。その結果、英語を読み書きできる人口は急増し、英語識字率（一〇歳以上）は一九五七年の二一％から八〇年には五六％、二〇一〇年には七九・九％

となった。若い層ほど英語に堪能で、一五歳から二四歳で英語を理解できない人はわずか四%である。

しかし、両親も周囲も英語をあまり得意としない家庭で育った子どもは、すべて英語で行なわれる授業についていくのが難しい。また華人の場合、福建語や広東語が話される家庭で育つと、英語だけでなく第二言語である華語の授業でも苦労する。二〇一五年の統計では、福建語や広東語を最も頻繁に話す家庭は全体の一二・二%であり、このような家庭で育った子どもは学校にあがると苦労すると考えられる。ただ、すべての子どもは義務教育で中学校までは進むから、この一〇年間を通して若い世代はもっと英語を話せるようになり、家庭における言語の問題は時間とともに解決していくと思われる。

一方で、英語教育の浸透によって、華人の華語能力、特に読み書き能力の低下が近年問題になっている。華字紙などの華語メディアは地元では人材を集めることができず、中国や台湾からスタッフを集めている。華語メディアの文章は以前に比べてかなり簡単になった。

成長する経済と国土

資源のない小国ながら、シンガポールの一人あたりGDPは二〇一四年で五万六〇〇〇米ドルに達した。これは独立時(一九六五年)の約一〇〇倍である。

成長を牽引したのは観光業ではない。シンガポールの主要な産業は製造業、運輸・通信、サービス業である。一九六〇年代後半から外資を積極的に誘致して、産業を活性化させ、雇用を創出してきた。一九七〇年代は電気・電子製品の組み立てという、低技術で労働者を多数必要とする産業を、一九八〇年代には石油精製、造船・船舶修理という大規模な設備や高い技術を有する産業を誘致し、伝統的な中継・加工貿易国家から工業国家への転換を果たした。

さらに一九八〇年代には銀行・金融、運輸・通信、コンピューター産業、国際的サービス関連の外資も誘致して、東南アジアの総合ビジネスセンターを目指した。二〇〇〇年代に入ると、教育や化学、娯楽産業にも力を入れてきた。

もっとも、成長しているのは経済だけではなく、その国土も年々大きくなっている。独立時の面積はシンガポール本島とセントサ島など周辺の島々を入れて五八六平方キロメートルだったが、二〇一四年には七一八平方キロメートルと、この約五〇年間に二〇％も国土を増加させた。埋め立てはイギリス植民地時代から行なわれていたが、独立後になって急ピッチで進められた。多くの外国人がシンガポールでの第一歩を踏み出すチャンギ国際空港、空港から都心に向かう高速道路の多くも、また今やシンガポールの観光アイコンになっている「マリーナ・ベイ・サンズ」も一昔前は海だった。

このように急激な国土の増加は、増え続ける人口と、経済活動に必要な土地を確保するために行なわれていて、国土の成長はまだ続く。更なる埋め立てによって、二〇三〇年までに国土面積は七六六平方キロメートルに拡大する予定である。

しかし、すさまじい埋め立て工事によって、独立時の海岸線が残る場所はほとんどない。ラッフルズ・ホテル前の「ビーチ・ロード」という名称は昔ここが海岸沿いだったことを示しているが、もはや海は全く見えない。

また、多くの建物が次々に取り壊され、自分が子ども時代に過ごした家や慣れ親しんだ風景が開発で失われてしまった人は少なくない。再開発で消えてしまった古き良き建物や風景は、もはや映画やビデオ、写真の中でしか見ることができなくなりつつある。

ただ、二〇一一年から再開発の是非で議論を呼んだ「ブキッ・ブラウン墓地」保存運動のように、近年、若い世代を中心に歴史保存運動が少しずつ広がっている。この墓地は中国大陸以外では世界最大の華人墓地で、中国から移住してきた移民一世や二世がここに眠っている。シンガポールの歴史に名を残す著名な人物の墓や美しい彫刻が施された墓もあり、自然も豊かであることから、歴史的重要性だけではなく自然保護の観点からも墓地の保存を求める声が上がった（二〇三ページ、写真82参照）。政府は二〇一三年から予定通り工事に着手したものの、運動のリーダーたちはサイトを利用して保存を訴え続けている。

この国の風景や歴史を残していこうという運動は、若い世代の国民意識の高まりを示すものと言えるだろう。

「移民社会」独特のおもしろさ、楽しさ

一九世紀後半から中国やインド、近隣の東南アジアからシンガポールに職を求めてやってきた移民のほとんどは男性たちだった。彼らはシンガポールを一時的な出稼ぎの場所と考え、家族を同伴しなかったからである。特にその傾向は華人に強く、一九〇一年の統計でも華人の男女比率は四対一であった。

男性移民労働者が簡単に食事をとれる場所として、「ホーカー・センター」と呼ばれる屋台が発達した。屋台で生まれた代表的なローカル・フードであるチキンライスとフィッシュヘッド・カレーを紹介したい。

チキンライスは、茹でるかローストした鶏肉を、生姜や甘口醤油、唐辛子を薬味に鶏ガラスープで炊いたご飯と一緒に食べるもので、もとは、海南島（中国）出身の屋台経営者が、余った鶏肉の切れ端を余った鶏ガラスープでご飯と一緒に炊いて食べた賄い料理であった（写真4）。

一方、フィッシュヘッド・カレーはインド系（華人という説もある）シェフが発明したと言われるカレーで、大きな魚の頭（フィッシュヘッド）を様々な野菜と一緒にカレー風に煮込んだ賄い料理であったが、今ではインド料理店やプラナカン料理店（マレーと中華のフュージョン・レストラン）の定番メニューとなった（写真5）。

多様な移民たちの簡単な賄い料理が、現在のシンガポールを代表するローカル・フードとなっていることは、移民社会としてのこの国のルーツを物語っていて興味深い。

なお、現在でも屋台はシンガポールの食生活の中心なので、公団住宅やコンドミニアムの台所は日本と比べると狭い。ホーカー・センターは建物内のエアコン付き屋台である「フードコート」に取って代わられつつあるが、朝食を家族そろって屋台で食べて、ランチはそれぞれの職場や学校でとり、いったん帰宅してから家族でまた屋台で夕食をとる、という家庭もけっして珍しくない。屋台で調理してもらったものを、ビニール袋や発砲スチロールの容器に入れてテイクアウトすることも多い。高温多湿の気候では食べ物がすぐに傷んでしまうし、人口の多数を占める華人が、胃に悪いことを理由に冷えた食事を好まないからである。

写真４　チキンライス。

写真５　フィッシュヘッド・カレー。

写真6　シングリッシュを標準英語に直すための参考書。

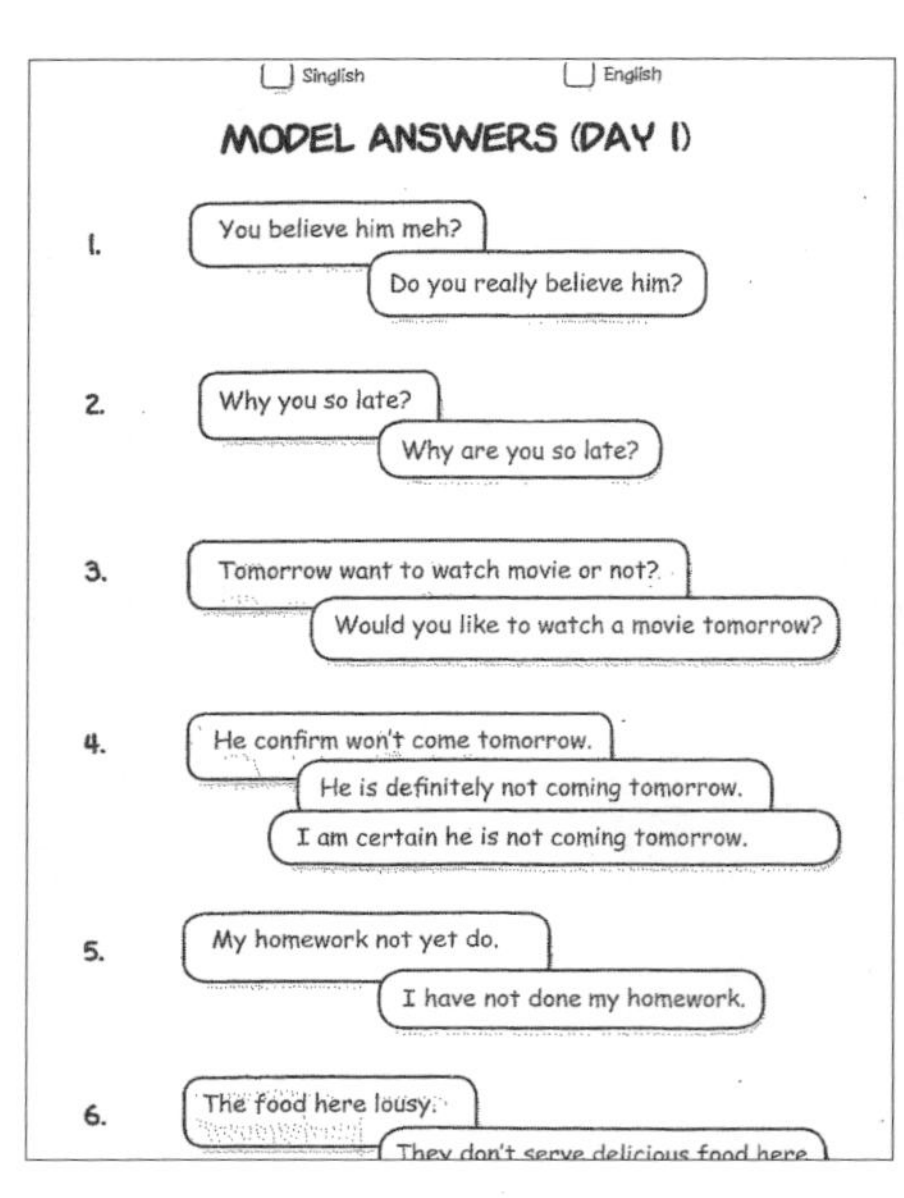

写真7　練習問題。

移民社会ならではのもう一つの楽しさは、「シングリッシュ」と呼ばれるローカル英語だろう。シンガポールはどこに行っても英語が通じると述べたが、街角や屋台で聞こえるのはシングリッシュである。シングリッシュとは、華語と福建語など中国南部の方言やマレー語などの影響を受け、独自の発音やイントネーション、文法体系を発展させた移民社会シンガポールらしい独特の英語である。標準英語とシングリッシュの解説書や辞書も数種類あるほど、研究も進んでいる。

ただ、政府は「シングリッシュはシンガポールの恥」「世界で通用しない英語」と考え、標準英語を習得しなければアナウンサーや教員になれないなど、標準英語を国民に習得させるべく、様々な施策を講じている（写真6、7）。一方、「シングリッシュはシンガポール人のアイデンティティ」と考える国民は少なくなく、二〇一二年に大ヒットしたシンガポール映画「僕たちは馬鹿じゃない」は全編シングリッシュだった。

シングリッシュは庶民の言葉、標準英語は公的な言語という棲み分けがなされている。

2 都市国家の様々な顔

シンガポールの道路や地区、丘などの名前には、この小さな国が中世からイギリス植民地時代を経て独立国家に至る歴史が刻まれた地名がたくさんある。

チャイナ・タウン、リトル・インディア

シンガポールは、一九世紀初頭に東インド会社社員であったスタンフォード・ラッフルズ（七四ページ参照）によってイギリスの植民地となり、アジアにおける自由貿易ネットワークの中心として急激に発展を遂げた。

ラッフルズによるシンガポール獲得とその後の発展についてはは後述するが（3歴史――都市国家の誕生と成立）、彼は貿易と商業を発展させるための実用的な都市作りを行なった。一八二二年の都市計画によって、シンガポール川河口付近一帯を市街地とし、中心にイギリス植民地政府の公共機関とヨーロッパ人居住区を配置、急速に増加する労働移民や商人など居留民の間の紛争を避けるために民族別の居住区も作ったのである。

華人移民にはシンガポール川南西部の沼地を埋め立てた地域を、インド系にはそのすぐ西の一帯を割り当てた。ラッフルズが上陸した時にシンガポール川北岸付近に住んでいたマレー系には、中国人居住区の少し南に新しい居住区が与えられた。アラブ系にも居住区を割り当てた。

ラッフルズが華人に割り当てた地域が、現在のチャイナ・タウンである。ただ、チャイナ・タウンと呼ばれるようになったのは独立後に観光局がこの地域一帯を観光地として売り出すようになってからのことで、それまでは地区ごとの名前で呼ばれていた。

たとえば商業の中心だった地区はクレタ・アイルと呼ばれていたが、これはマレー語で「牛車水」という意味で、生活水をシンガポール川から汲んで牛が引く車に乗せて運んだことに由来するという。牛車水は現在ではチャイナ・タウン全体を指す華語名称として使われ（写真8）、MRT駅チャイナ・タウンの華語名称にもなっている。

中国本土の混乱を逃れてシンガポールに職を求めた華人移民は、一八六〇年には五万人（写真9）、一八九一年には一二万人に膨れあがった。これら華人移民はシンガポールと地理的に近い福建、潮州、広東、海南など中国南部出身者がほとんどで、現在でもシンガポール華人の四〇％は福建系、潮州系は二一％、広東系は一五％、海南系は七％である。

もっとも、チャイナ・タウンに集まったのは華人ばかりではない。チャイナ・タウンには一八二七年に南イン

ド出身者によって建てられたシンガポール最古のヒンドゥー教寺院、スリ・マリアマン寺院がある。またその少し先には、南アジア出身のイスラム教徒が建てたジャマー・モスクがある。これは、この地域一帯が華人とインド系の混在する商業の中心地だったことを示している。

最近のチャイナ・タウンで目立つのは新移民で、そのほとんどは中国北部出身者で占められる。シンガポール華人の華語は標準中国語のことであるが、福建語や広東語という南部方言の影響を受けて、発音や文法が標準中国語と少し異なる。一方、中国北部出身の新移民は北部訛りの標準中国語を話すので、言葉を聞いただけで新移民かどうかすぐにわかる。新移民が営業する数多い中国北部料理店の中でも人気なのは「東北人家」というレストランで、連日多くの北部出身者でにぎわっている。

植民地時代、インド系に割り当てられた地域が現在のリトル・インディアである。もっとも、この名称もチャイナ・タウン同様、独立後に観光地として再開発される時に付けられたものである。

セラングーン・ロードを中心とするリトル・インディアには一八五五年に南アジア出身のヒンドゥー教徒が建てたスリ・スリニバス・プルウマル寺院（写真10）などのヒンドゥー教寺院や、イスラム寺院などの宗教施設、インド料理店（写真11）、インドの手工芸品店、インド映画の雑誌やDVDの店などが軒を連ねている。シンガポー

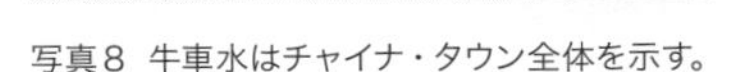

写真８ 牛車水はチャイナ・タウン全体を示す。

写真９ 1860年頃のチャイナ・タウン。

ルのインド系住民の六〇%は南部のタミル・ナドゥ州出身者であり、彼らはヒンドゥー教徒である。他にも北インド出身のイスラム教徒やシク教徒、キリスト教徒もいる。

リトル・インディアも、最近はインドやバングラデシュからの新移民が目立つようになった。彼らは建設労働や造船などの肉体労働に従事し、週末になるとここに集まって同郷の者と情報交換をし、懐かしい故郷の味を楽しみ、お酒を飲むなどして、きつい労働の疲れを癒している。

このリトル・インディアで二〇一三年一二月暴動が発生した。南インドから来た外国人労働者がバス（外国人労働者を職場から寮に送迎するバス）に轢かれて死亡したことを契機に、南アジアからの労働者四〇〇人以上が暴動を起こし、警察車両や救急車両が破壊・放火され、警官一八人が負傷したのである。警察は特殊部隊を投入して鎮圧、逮捕・起訴された外国人労働者は二八人にのぼり、この他五三人が国外退去処分を受けた。

シンガポールでは一九六九年以降に大きな暴動は起きていなかったため、この暴動は社会に大きな衝撃を与えた。南アジア出身の外国人労働者が警察車両や救急車両に投石、窓ガラスを割って、最後は放火する様子がテレビで流れたため、国民の外国人労働者に対する不安と不満が増大した。さらに、『ニューヨーク・タイムズ』紙が「暴動は、賃金と生活環境への不満に関係している」と

写真10　スリ・スリニバス・プルウマル寺院。

写真11　インド料理店。

いう社説を掲載し、インドの主要新聞も「シンガポールではインド系労働者が劣悪な環境で働いている」と報じたため、未熟練の外国人労働者に対する処遇が国際的にも問題視された。

しかし、政府は暴動の原因について「死亡したインド人労働者は泥酔していて、バスから降りた直後にバスに接触して轢かれた。現場に集まった多数の外国人労働者がバス運転手に抗議しようとしたが、警官が制止したため、警官がまるで運転手をかばっているかのように見えた。そのために外国人労働者が暴動を起こした。彼らもかなりの量のアルコールを飲んでいた。主要な原因は大量のアルコールである」と述べ、「シンガポールの外国人労働者の待遇に問題はない」と結論づけた。

現在リトル・インディアはいつもの賑わいを取り戻しているものの、夜間のアルコール類の販売は禁止され、週末の夕方から夜には普段よりも数多くの警察官が巡回している。

シティ・ホールとパダン

都心のMRT駅の一つに「シティ・ホール」という駅がある。ただ、駅を出てもシティ・ホール（市庁舎）は見あたらないし、そもそもシンガポールの行政区に市は存在しない。だが、植民地時代の一九五一年に都市部はシンガポール市となり、一九五七年から五九年には市評議会が設置されていて、評議会選挙が行なわれ、市長も選ばれていた。ただ、一九五九年に自治領となって以降は、小さな国土に二つの政府機関は不要との理由で廃止された。現在はナショナル・ギャラリーとして使われる荘厳な建物が、一九二九年に建てられた旧市庁舎である（写真12）。

旧市庁舎を含めてこの付近は、最もイギリス植民地時代の名残を留める地区である。白いコロニアル様式の現アートハウスは一八二七年に建てられた最も古い公共建築物で、一九九九年までは国会議事堂であった。

この付近にイギリス植民地時代の公共機関が多いのは、近代シンガポールの発展の礎を築いたラッフルズが作っ

写真12 旧市庁舎。

た都市計画で指定されたからである。彼の計画に基づいて、シティ・ホール駅の前を通るノース・ブリッジ・ロードと、シンガポール川を挟むサウス・ブリッジ・ロードも建設された。この二つはシンガポールで最も古い道路ではないかと言われている。なお、建設には多くのインドからの囚人労働者が従事させられた。

旧市庁舎前には、マレー語で「パダン（広場の意味）」と呼ばれる緑の広場がある（写真13）。やはり都市計画に基づいて作られたパダンは、ラッフルズがシンガポールを獲得するための条約をジョホールのサルタン（マレー世界の世襲の王）と結んだ場所と言われている。また、一九六三年に新連邦マレーシアの一州となることで念願の独立を達成したリー・クアンユー初代首相が独立宣言を読み上げたのもパダンだった。二年後にシンガポールはマレーシアから分離・独立するが、独立一周年を祝うパレードが行なわれたのもパダンで、その後は一九七四年まで独立記念式典はパダンで行なわれていた。一九七五年から別の場所で式典が行なわれていたが、九五年以降は五年ごとにまたパダンで開催されている。二〇一五年の独立五〇周年を祝う式典もパダンで行なわれた（写真14）。

写真13 パダン。

写真14 2015年8月9日パダンで行なわれた独立50周年式典。

オーチャード

チャイナ・タウンやリトル・インディアは独立後に観光地として再開発される時に命名された地名であるが、シンガポール最大の繁華街であるにもかかわらず、オーチャード・ストリートは誰が命名したのかよくわかっていない（写真15）。

一八三〇年代、オーチャードは胡椒やガンビール（熱帯産の植物で、葉や枝のエキスから薬を作る）、ナツメグのプランテーション地帯で、栽培関係者の住居もプランテーション沿いに広がっていた。オーチャードという地名の起源は、広大な果樹園を保有していた「オーチャードさん」という人に由来するという説の他、まさに果樹園（オーチャード）通りだったから、オーチャードと呼ばれたという説もある。しかしナツメグの市場価格が暴落し、ナツメグの木々を襲った病気によって一八六〇年代にはナツメグのプランテーションは姿を消した。その後、華人が現在の高島屋付近に、ユダヤ系も現在のＭＲＴドビー・ゴート駅付近に墓地を作った。イギリス植民地時代のシンガポールの中心はシティ・ホールとパダン付近だったので、オーチャード一帯は静かな郊外だったのである。

一九六〇年代から急激に商業地区として発展、一九七〇年代には当時最大級のショッピングモールがオーチャードに開店、その中に日系総合スーパーのヤオハンが入った。現在全長二キロほどのオーチャード・ストリートには、高級ブランド店や一流ホテルなど五〇〇〇店舗以上の店が建ち並び、世界有数のショッピング街として有名になった。今は静かな郊外だった頃の様子は全く想像もできないが、オーチャード・ストリートの真ん中にさりげなく置かれた大きなナツメグの実の彫刻によって、果樹園だった頃の面影を偲ぶことができる（写真16）。

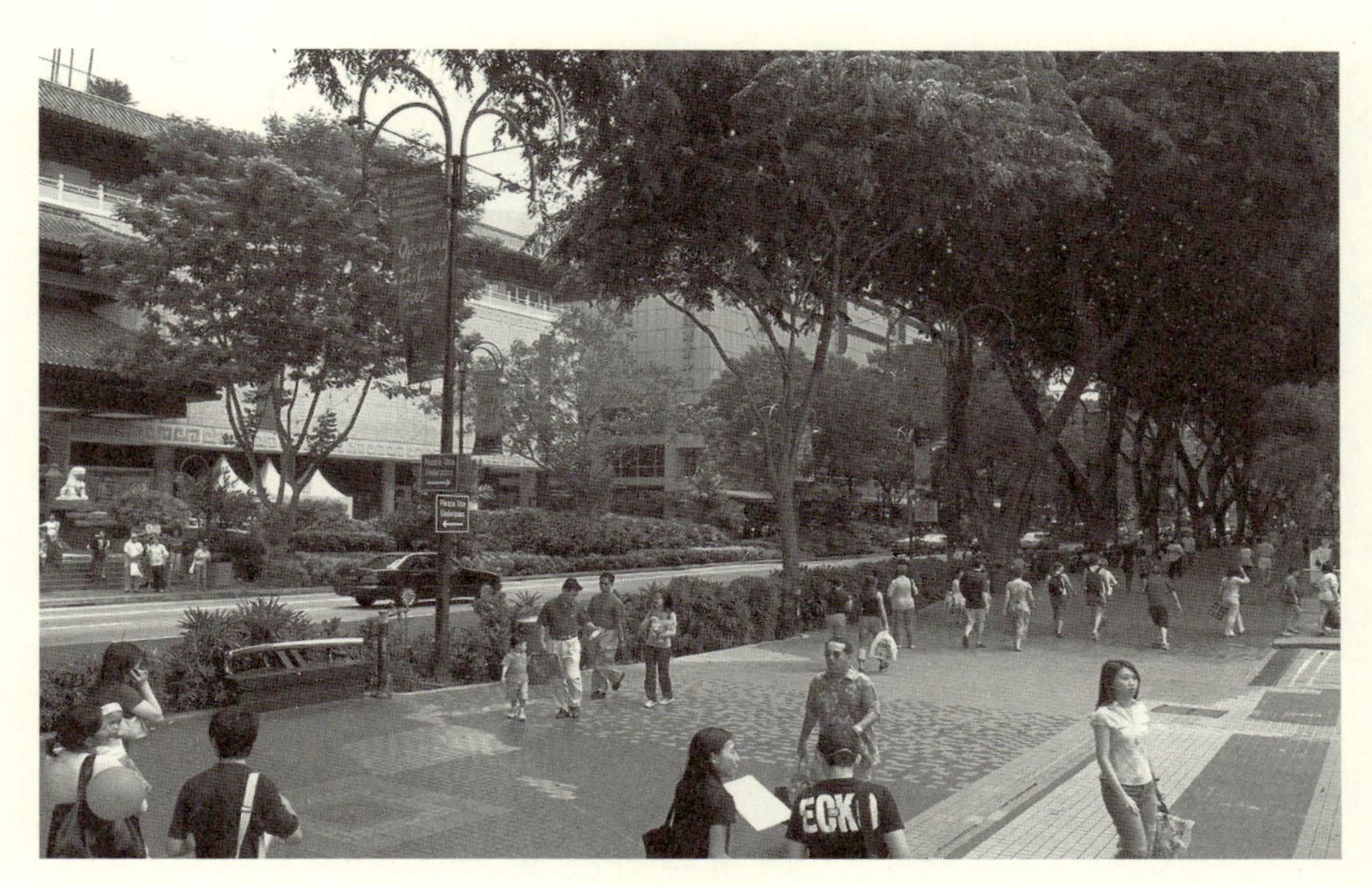

写真15 オーチャード・ストリート。

写真16 ナツメグの実の彫刻。

歴史を刻む地名

シンガポールの道路や地区、丘などの名前には、この小さな国が中世からイギリス植民地時代を経て独立国家に至る歴史が刻まれた地名がたくさんある。

中世の名残を残す地名の代表は南部のブキッ・メラ（赤い丘）である。当時シンガポールはジョホール王国のサルタン（マレー世界の世襲の王）の統治下にあったが、メカジキの襲撃に悩まされていた。一人の聡明な少年がバナナの木と葉を使った罠を作ることを提案、これが奏功してメカジキは撤退した。しかしサルタンは聡明な少年がやがて自分の地位を脅かすことを恐れ、部下に命じて少年を丘（ブキッ）の上で殺害してしまった。少年の血が丘全体を真っ赤（メラ）に染めたことから、丘はブキッ・メラと呼ばれるようになったという。現在では丘はすべて削られて住宅地やフードコートになっている（写真17）。

その他、この時代に名残のある地名ではカラン（意味は工場、造船所など諸説あり）やカトン（カメ）があり、すべてマレー語である。

写真17 ブキッ・メラの名前を残すショッピング・センター。

イギリス植民地時代になると地名には英語が使われるようになった。ハイ・ストリートはヨーロッパ人が集中居住したヨーロッパ・タウンで最も早く命名された通りで、当時のなだらかな丘にちなんでいる。

その後、ジャングルが切り開かれて次々と道路や埠頭、橋が建設されると、イギリス人長官や総督など四〇人以上の名が地名となった。クラーク・キーにその名を残すアンドリュー・クラークは一八七三年から七五年まで海峡植民地（イギリス直轄植民地のシンガポール、マラッカ、ペナンの総称）総督、シェントン・ウェイは一九三四年から四六年まで総督であったシェントン・ホワイトレェッジにちなんでいる。クィーンやキングなども地名に使われ、

写真18 ユー・トンセン・ストリート。

一九五三年にエリザベス二世の即位を記念して命名されたのがクィーンズ・タウンである。

近代シンガポールの礎を築いたラッフルズは、ホテルや学校の他にMRTラッフルズ・プレイス駅、埋め立てられて造成されたマリーナ・ベイに作られた新しい道などにその名を残す。

アメリカ人の名前も残っている。ローカルフードの老舗が並ぶバレスティア・ストリートは、アメリカ初代領事のジョセフ・バレステリアにちなんでいる。

非イギリス人であっても著名な貿易商人の名も採用された。一八五二年にシンガポールにやってきたアラブ人アカフ一族は貿易で巨額の富を築き、広大な土地を所有した。アカフ・アヴェニューはその繁栄の証である。ユー・トンセン・ストリートに名を残すユー・トンセンはゴム園で富を築き、私費を投じて道路や橋を建設した（写真18）。

ユニークな地名も残る。アラブ人街の一角にあるハッジ・レーンは、二〇世紀初頭までイスラム教徒がハッジ（聖地メッカへの巡礼）に行く船を待つ宿場街だった頃の名残である。チャイナ・タウンの一角にあるアモイ・ストリートは、中国のアモイからやってきた移民が集中居住した地域と言われている。イギリス植民地時代はアヘン窟の通りとして有名でもあった。また、MRTブギス駅、その上にある商業複合施設ブギス・ジャンクションに残っているブギスというのは、一九世紀前半にこの付近一帯に移り住んだブギス人のことで、帆船を操った交易で名を馳せた人々であった。

一九六五年の独立後、新政府は「道路および建築物命名委員会」を発足させ、多言語・多民族・多文化社会を反映させること、発音が容易であることなどの方針の下で、命名をした。一九六〇年代後半から開発されたジュロン工業地帯の中の道路には、エンタープライズ・ロード、ファンヨーン（繁栄）・ロードのように発展を象徴するような名前が採用された。

近年は国家の発展に貢献した人物、たとえば大商人であり外交官としても活躍したリェン・インチョウ、国歌を作詞・作曲したザビァ・サイドの名前が道路となっている。

二〇一五年三月に死去した初代首相リー・クアンユーの名はどのように刻まれるのであろうか。

数多くの貯水池

シンガポールには一七にものぼる貯水池がある。カジノを併設した総合リゾートであるマリーナ・ベイ・サンズの足元に広がるマリーナ・ベイも二〇〇八年に完成した淡水の貯水池である。貯水池のいくつかには豊かな自然が残っていて、ジョギングや散歩を楽しむシンガポール人の憩いの場にもなっている。都心に近いマックリッチー貯水池にはゴルフ場や特設野外舞台まで設置され、マウンテンバイクやマラソン大会なども開催される（写真19）。ただ、島国にこれだけ多くの貯水池を作ったのは、国民の娯楽のためではなく、水を自給自足しようとする政府の必死の政策であった。

水資源の乏しいシンガポールは、隣接するジョホール州（マレーシア）から無料で水を供給してもらうという協定をジョホール州サルタンと一九二七年に結んだ。ジョホールとはこの協定の四年前に陸橋（コーズウェイ）で結ばれていて、道路とともに水のパイプラインの建設が始まった。

一九五〇年代にはさらに大量の水が必要となり、ジョ

写真19 市民の憩いの場マックリッチー貯水池。

ホールの川と貯水池からシンガポールが原水を買い、浄水を国内で使う他にマラヤ連邦に売るという協定が一九六一年と六二年に結ばれた。コーズウェイに水のパイプラインが三本あるのは、二本がジョホールからシンガポールが買う原水のため、残りの一本は浄水をシンガポールからジョホールに運ぶためである。当時のシンガポールは自治領であったものの、近い将来のマラヤ連邦との統合は明らかであったので、協定には何の問題もなかった。

しかしシンガポールがマレーシア（マラヤ連邦にシンガポール、サバ、サラワクを統合した新国家）から分離・独立した後は、両国間に問題が起こるたびにマレーシアの政治家が「シンガポールへの水の供給を止める」と脅しまがいの発言をするようになった。さらに一九六一年の協定は平和裏に既に失効、六二年の協定も二〇六一年に失効予定のため、水の自給自足は緊急な課題となった。

シンガポール政府は次々と貯水池を増設して水不足に備え、さらに海水の淡水化、下水の再処理技術によって、二〇六一年までに水の自給自足が達成できる目処を立てている。狭い国土のあちこちに作られた貯水池は、水資源の不足と闘ってきた都市国家の知られざる顔である。

ジュロン

ジュロンとはマレー語のジェラン（大食いのサメ）が語源と言われ、シンガポールにはこの地名は二つある。一つは本島西部ジュロン地区、もう一つはジュロン水道を挟んでジュロン地区と向き合う人工島ジュロンである。

本島西部ジュロンはもともとマングローブが生い茂る沼地だった。そこに工業団地の開発が始まったのは一九六一年で、沼地に工業団地を造成しようという計画は、当初は荒唐無稽ではないかと心配された。だが、当時の蔵相の決断で事業が始まり、丘を切り崩してその砂を使って沼地を埋め立て、造成を進めた。七〇年代後半には内外の工場が集積する製造業の拠点となり、シンガポールの工業化を象徴する場所となった。ジュロンで働く労働者とその家族のための大規模な団地も建設された。

ただ、近年のジュロンは工業地帯からお洒落なニュータウンへ変貌しつつある。工場の近隣諸国への移転に伴って、郊外の商業地区として再開発することが決まったからである。大型ショッピング・センターや大型書店、病院やオフィスビルが次々と完成し、生活するのに便利な郊外の街になりつつある。

一方、人口島ジュロンは、石油精製基地を作るために、政府が一九九〇年代に七つの小さな島々を埋め立てリンクさせて完成した島である。二〇〇九年に完成し、総面積は約三〇平方キロメートルという広大な人口島となった。

二〇一四年で四七〇億シンガポールドル以上の投資が行なわれ、エクソンやモービル、住友といった大手企業を含めて石油、ガス、石油化学関連会社約一〇〇社が建ち並び、二万四〇〇〇人以上の人々が働いている。ジュロン島では石油精製が行なわれる他に、天然ガスがインドネシアの沖合ガス田から海底パイプラインを通して運ばれ、その一部は製品化もされている。

本島とは高速道路を通して結ばれているが、セキュリティの関係で関係者以外が立ち入るには許可がいる。七つの島々はもともとマレー系漁民が住む漁村地区であったが、今はその面影は全くない。

本島以外の小島
セントサ島とセント・ジョーンズ島

シンガポールには本島以外に六〇以上の島々（人口島ジュロンを含む）がある。その中で、ジュロン島とは対照的に、有名な観光地となったのがセントサ島と、シンガポール人の憩いの場となったセント・ジョーンズ島である。

セントサ島はシンガポール本島の南に位置する。セントサとはマレー語で「静けさ」を意味し、豊かな自然が残り、観光地として名高いこの島の名前には相応しいように思える。だが、島がこの名前に変わったのは一九七〇年で、それ以前はマレー語で「背後の死者の島」という不気味な名前だった。

シンガポールの主要英字紙『ストレート・タイムズ』によれば、この島では一八四〇年代にマラリアが大流行し、おびただしい数の死者が出た。そのために「背後の死者の島」と呼ばれるようになったという。日本占領期に宣伝班員としてシンガポールに滞在していた井伏鱒二は、島のマレー語名称を「死の彼方」と訳した。井伏は、イギリス軍の要塞建設に使われた人夫たちが工事場で長期間働かされ、現場で亡くなった人が多かったために、「（島に）行ったら帰れないという意味らしい」と書いている。それ以前の名称はわからない。

シンガポールがイギリスの植民地となってからは、島にはイギリス軍の基地が置かれて一般人の立ち入りが禁じられた。日本占領時代（一九四二年二月〜四五年八月）は戦犯収容所となり、イギリスが戻ってくると今度はグルカ兵の駐屯地として使われた。

イギリスから島がシンガポールに返還されると、政府は観光地として開発するために、まず島の不気味な名前をセントサに変更し、一九七二年にはセントサ開発公社を設立して本格的な開発を始めた。七四年には本島のマウント・フェーバーとセントサ島をつなぐケーブル・カーが完成し、徐々に観光アトラクションが建設されていった。観光スポットとなっている三七メートルの巨大なマーライオン・タワー（写真20）ができたのは一九九六年のことである。二〇〇七年にはセントサ・モノレールも完成して、より手軽に島に行けるようになった。

カジノとユニバーサル・スタジオを含む総合リゾート

（リゾート・ワールド・セントサ）が完成したのは二〇一〇年。二〇一一年には前年よりも七・三%も多い一九〇万人もの観光客がセントサ島を訪れた。

また、島の南にはセントサ・コーブというヨットハーバー付きの高級住宅地がある。中古でも一〇億円近い値段が付くほどこの住宅地は大人気で、二〇一四年には二〇〇〇戸の新たな高級住宅が建設された。

シンガポール本島からフェリーに乗って一時間ほどでセント・ジョーンズ島に着く（写真21）。この島には、貝や魚の養殖を研究する国立海洋科学研究所があり、また週末には島内のトレッキングやキャンプ、海水浴に小中学生や家族連れなどが訪れる。海水浴客のためにシャワーや着替えの部屋も用意されている。遠浅の美しい海岸と自然の森が残るこの島は、しかし、今世紀初頭は世界最大の検疫センターであり、一九五〇年代から七〇年代初頭は「監獄島」であった。

写真20 セントサ島の巨大マーライオン像。

シンガポールには一九世紀後半から主にアジア各地から移民労働者や商人などが集まった。特に中国南部からは港湾・建設労働者、マレー半島の錫鉱山労働者として、多い時には一ヵ月に一〇万人もの華人移民がシンガポールに入国している。セント・ジョーンズ島には一八七四年に華人労働者専用の検疫センターが置かれ、彼らはここで持ち物や身体を「消毒」されてからシンガポール本島に移動したのである。移民は二〇世紀に入るとますます増加し、一九三〇年代はこの島の検疫センターは世界最大規模であった。移民の波は、日本の東南アジア侵攻によって終わりを告げた。

日本占領時代が終わり、シンガポールがイギリス植民地からの自治と独立を求めて「政治の時代」に入ると、この島はイギリスが政治犯を収容する「監獄島」として使われるようになった。シンガポール第三代大統領となるデバン・ナイア（在位一九八一～八五年）も一九五六年に

写真21　セント・ジョーンズ島。

写真22　見張り台。

拘留されて一時期この島に収容されていた。若き日の彼は、労働組合運動の指導者であった。

一九六五年のシンガポール独立後も「危険分子」を逮捕令状なく拘束できる治安維持法によって多くの人が逮捕・拘束され、この島に送られた。海岸近くに残るいくつもの「見張り台」は「監獄島」時代の名残であろう（写真22）。

「監獄島」としての島の役割は一九七〇年代末に終わり、その後は現在のような穏やかに自然を楽しむための島となった。

写真23 コーズウェイ第1リンク。

コーズウェイ・リンク

シンガポールと対岸のジョホール州（マレーシア）を結ぶ二本の連絡橋のことを「コーズウェイ・リンク」と呼ぶ。シンガポール北部に一九二三年に完成した古いリンク（第一リンク、写真23）は総距離一〇五六メートルの陸橋で、シンガポール都心からバスに乗ると四〇分ほどでこの陸橋を渡ってジョホール州に到着する。

第一リンクは通学や通勤、観光客を乗せたバイクやバス、自家用車が一日約六万台も通過し、朝夕は大渋滞になる。また、週末になると買い物やレジャーでジョホールに行くシンガポール人の自家用車が長い列を作る。多い時で一日八万人が第一リンクを行き来していると推定される。

第一リンクのすぐ横には三本の水のパイプも通っている。そのうち二本はシンガポールが買う原水を運び、国内で浄化して水道水として使う。一方、残りの一本はマレーシアが浄水を買うためのパイプである。

第一リンクはシンガポールとマレーシア間の共存と競

争の歴史を物語る場所でもある。両国で離れて暮らす家族や親戚が互いに行きかう交流の場であるが、両国間で摩擦や軋轢があると、その最前線にもなる。マレーシアの政治家が水の供給を止めるために閉鎖すると脅すのはここである（実際には閉鎖されたことはない）。シンガポールが国軍創設時のアドバイスを求めるためにイスラエルから軍事顧問を招請したとき、ムスリムが多数を占めるマレーシアでは反感が高まった。ジョホール州からイスラエル顧問反対のデモ隊が押し寄せたのも第一リンクだった。

第一リンクの交通渋滞を緩和するために、一九九八年にシンガポール北部に第二リンク（橋）が完成したが、交通の便が悪いためにマレー半島西部の都市に向かう高速バス以外の利用者はあまり多くなく、第一リンクの渋滞は相変わらず続いている。ただ、二〇一八年にシンガポールの鉄道（MRT）がジョホールに乗り入れる計画が協議されているので、一八年には渋滞はかなり緩和されるかもしれない。

シンガポールの「顔」リー・クアンユー

一九五九年に自治領シンガポールの首相となり、一九六五年の独立から九〇年まで初代首相を務め、その後も二〇一一年まで内閣に留まり続けて、絶大な影響力を行使し続けたリー・クアンユーは、まぎれもなくシンガポールの「顔」である（写真24）。

リー・クアンユーは一九四九年にイギリスのケンブリッジ大学を最優秀の成績で卒業するほど明晰な頭脳を持つだけでなく、シンガポールに奇跡の成長をもたらした立役者として、さらにその実績と知見に基づいて、欧米

写真24 リー・クアンユー。

世界にアジアを代表して意見を述べることができる指導者として、彼ほど著名なアジアの政治指導者はいない。彼の著書や演説集、インタビューをまとめた書は数多い。そのほとんどはいくつもの言語に翻訳されて、日本をはじめ多くの国で読まれている。

リー・クアンユーはけっして国民に親しまれる指導者ではない。常に「シンガポールの進むべき道」を指示し、国民を強引に引っ張っていくタイプである。「何が正しいのかを決めるのは我々(政府)です。国民がどう思うのか気にする必要はありません」――こう公言する彼は、天然資源はなく、マレーシアとの関係は最悪で、軍事的にも吹けば飛ぶような独立時の都市国家を生存・繁栄させるために、徹底した介入を国民生活に対して行ない、批判勢力を合法的に封じ込める法を次々と制定し、民主主義よりも開発の成功を優先する政治体制を作りあげた。

彼を突き動かしたのは、強い危機意識である。シンガポールを沼地に立つ八〇階建てのビルになぞらえ、「我々は非常に不安定な地域にいる。積極的な意味で周囲の国々から差別化でき、自分を守ることのできる政府や国民がいなければ、シンガポールは存続できないだろう」「欧米の民主主義は必ずしも良い統治機構や安定、繁栄につながらない」と断言し、政治的な異論を受けつけなかった。

リー・クアンユーはまた現実主義者、プラグマティストである。直面する現実の問題を解決するために、自分の以前の発言に全く固執しないし、理想を掲げることもない。一九五〇年代、まだ弁護士であった彼はイギリス植民地政府によって逮捕された左派の学生や労働組合活動家の弁護を引き受け、学生を逮捕した治安維持法を「民主主義に反するもの」と厳しく批判した。だが、一九五九年に内政自治権を獲得すると、「治安維持法の効力は、民主国家を破壊しようとする企みを、一時的にせよ砕くことにある」として、治安維持法を廃止しなかった。一九七〇年代から八〇年代にかけて治安維持法はたびたび発令され、彼の政敵であった「危険分子」は令状なく逮捕・拘束された。

現実主義者の彼は無神論者であり、祖先崇拝すら行なわなかった。叔母や祖父が眠る墓地でさえ、再開発してコンドミニアムや道路に変えてしまうことを厭わなかった。「自分はあの世を信じないので死去した妻には会えないだろう」とさえ語っている。

また、リー・クアンユーけっして私腹を肥やさなかった。彼が若い頃からずっと住んでいた自宅（都心の静かな住宅街オックスレィ・ロードにある）は簡素な造りのバンガローで、長い間改装されていない。身に着ける服も質素なものだったのは有名である。

独立から五〇年を迎える二〇一五年三月、リー・クアンユーは九一歳で死去した。国葬までの約六日間、国会議事堂に安置された彼の棺に哀悼の意を捧げた人、あるいは全国各地に置かれた祭壇で手を合わせた人は、のべ一四〇万人にものぼった。シンガポールの人口の四人に一人が訪れたことになる。長い列に何時間も並んで哀悼の意を捧げた人々の中には、「動員」された小中高校生も多数いたし、彼の統治のやり方を快く思っていない人も多かったかもしれない。しかし、小国シンガポールに繁栄と安定をもたらした人物として、人々はそれぞれの政治的立場を超えて、彼の存在には一目置いていた。一四〇万人もの人々は、「長い間ご苦労様でした」と彼に最後の別れを告げたのである。

写真25　2015年3月25日～6月28日、国立博物館で行なわれたリーの追悼展。

リー・クアンユー（一九二三〜二〇一五年）とその妻、子どもたち

リー・クアンユーは一九二三年にシンガポールの裕福な客家（ハッカ）商人の家に生まれた。客家とは元来中国の西部に住む漢民族であったが、四世紀から一九世紀にかけて南下し、中国から東南アジアまで広く居住するようになった。独自の言語（客家語）や風習を維持し（女性が纏足（てんそく）をしないことは有名）、強力で攻撃的と言われる。ただ、リー自身はほとんど客家語を理解しない。

既に曽祖父の時代からシンガポールに住んでいた彼の家族は、土着化したプラナカンでもある。プラナカンとはかなり早い時期からマラヤ（シンガポールを含む）に渡って、現地女性との通婚などを通して土着化した中国系の人々を指す。プラナカン商人には裕福な人が多く、イギリス植民地下で、独特の言葉や食べ物、服装、食器など、華やかで独特な文化を築いた。リーの父は彼自身もそうであったように、子どもたちすべてに幼い頃から英語を学ばせ、特に長男クアンユーには「イギリス人と同様になる」ことを強く希望していた。

リー・クアンユーはラッフルズ・カレッジ（一九二八年に大学レベルの高等教育機関として設立された。現在のシンガポール国立大学の前身）に進み、日本のシンガポール占領によって学業を一時中断されたが、戦後に奨学金を得てケンブリッジ大学で法律を専攻して弁護士の資格を得、最優秀の成績で卒業後に帰国した。

彼の妻となるクワ・ギョクチュー（一九二〇年生まれ）も父が華僑銀行創設者の一人という豊かな家庭に生まれ、英語教育を受けて育ったプラナカンである。プラナカンは保守的で、特に女性は年頃になると外出を控えて料理や刺繍に専念するという家庭が多かったが、成績優秀だったクワ・ギョクチューは、ラッフルズ・カレッジにただ一人の女子学生として進学、ここでリーに出会った。一九四七年に彼女も奨学金を得てケンブリッジに留学した。一年早くイギリスに留学したリーが彼女の奨学金獲得に奔走したようである。二人はイギリスで秘密裏に結婚した。彼女もケンブリッジ大学を最優秀の成績で卒業、弁護士になった。リー夫人となった彼女は、夫とその弟とともに弁護士事務所を経営しながら、政治家を目指す夫を助けた。夫の演説原稿に手を入れたり、条約草

案にアドバイスを与えることもあったという。

「自分よりも優秀なのは妻だけ」とリーに言わせるほど優秀なリー夫人であるが、「私は夫の三歩後ろを歩く」と述べて表にはけっして出ずに、弁護士としての仕事をしながら、三人の子どもたちを育てた。彼女は二〇〇八年に脳卒中で倒れると徐々に身体能力を失い、リーは毎晩妻に寄り添ってその日起こった出来事を語り掛け、妻はまばたきで応じたという。彼女は二〇一〇年に死去した。弁護士としての夫人が法廷で使用していた「白いかつら」（弁護士と裁判官は馬の毛でできた白いかつらを着用したが、一九九一年に着用義務は廃止）は、プラナカン博物館に展示されている。

こんなスーパーウーマンの妻との間には三人の子どもがいる。長男リー・シェンロンは現首相（一七四ページ参照）、一九五七年生れの次男シェンヤンは国軍の優秀軍人に与えられる奨学金を得て、ケンブリッジ大学工学部で学び、その後はビジネスの世界に入った。政府系企業シンガポール・テレコムCEOを務めるなど、その手腕は高く評価されている。長女ウェイリンは高等学校最優秀理科学生の栄誉を得て、シンガポール大学（現シンガポール国立大学）医学部で学び、現在は医者である。

成績優秀な妻との間にできた三人の子どもがすべて優秀だったためか、リーは「人間の知能と感情指数の八〇%は遺伝で、二〇%が教育で決まる」「子どもは両親の組み合わせで決まる」という遺伝子主義を公言して憚らなかった。シンガポール女性の出生率低下が問題となると、高学歴女性には多産を、低学歴女性には避妊を奨励するという政策を発案したのはリーであった。この政策は一九八三年に具体化されたものの、国民から批判されてまもなく撤回されたが、撤回は彼の本意ではなかっただろう。

写真26　シンガポールでの結婚式
（1950年9月、ラッフルズ・ホテル）

3 歴史——都市国家の誕生と独立

連邦政府に真っ向から対立を挑んだPAPであったが、分離には強く抵抗した。リーは、シンガポールのマレーシアにおける経済的重要性ゆえに、まさか連邦が分離を決定するとは考えていなかったのである。しかし、ラーマン首相の決意は堅く、一九六五年七月に両者は合意、八月九日に連邦議会でシンガポール分離が発表された。

中世のシンガポール

「近現代シンガポールの歴史は、イギリスの植民地化とともに始まった」――シンガポールの歴史はつい数年前までそのように語られ、イギリス植民地化以前の歴史は学校教科書にもほとんど取り上げられなかった。

しかしながら、一六世紀に書かれたとされるマレー王朝の代々の記録「マレー年代記」の記述や中国の文献に、一四世紀のシンガポールが交易で栄えていたことが以下のように記載されている。

「シュリヴィジャヤー王国の王子が航海中に真っ白い砂浜を持つ小さな島を見つけ、家来に名を尋ねるとテマセクだと教えられた。その直後に嵐に遭って船が難破しそうになったために、王子一行は島に上陸した。王子は海岸近くでライオンらしい不思議な動物を見つけて感動し、ここを領土にすることを決意した。彼はサンスクリット語でシンガプラ（獅子の街）と自ら名づけた。その後、王子とその子孫の統治下でシンガプラは交易港として繁栄したが、その繁栄を妬んだインドネシアのマジャパヒト王国に（一四世紀末に）襲撃され、殺された多くの人の血で大地が赤く染まったものの、何とか撃退した」

「マレー年代記」の記録は一四世紀に東南アジアを旅行した汪大淵（中国）の旅行記の記述と合致する。汪は、一三三〇年代から四〇年代にかけてシンガプラに寄航、ここに多くの外国人が交易のために集まり、とても繁栄していると記している。

一四世紀末以降のシンガポールを「マレー年代記」は、最後の王パラメシュワラはマジャパヒト王国の襲撃を受けてマラッカに逃げたと記しているが、中世のシンガプラの滅亡についてはよくわかっていない。ただ、一四世紀に繁栄した王国が存在していたことは明らかである。

しかしながら、シンガポール政府は、「マレー年代記」や汪の旅行記を信頼に足る記録ではないとして、これまであまり重要視してこなかった。それは、後述するように、シンガポールは隣国マレーシアから分離・独立、その後は近隣のマレー世界との関係よりも欧米諸国との関係を重視したため、中世のシンガポールがマレー世界の一部だった歴史を意図的に避けようとしてきたからではないかと言われている。

ただ、近年の発掘調査によって、元や明の陶器類、大量の硬貨や工房跡が見つかった。二〇一五年二月の調査では、明王朝の皇帝が一四世紀末から一五世紀初頭に海外の王に贈った高貴な陶磁器が発見されている。これらは「マレー年代記」や汪の旅行記の記述が事実であり、一四世紀から一五世紀初頭のシンガポールがマレー世界の交易拠点として栄えた王国であったことが明らかになりつつある。また、一六世紀から一七世紀の中国製磁器も発掘されているため、シンガポールはその後も中国との交易の拠点であったのではないかと言われている。

なお、シンガプラの王国の中心は現在のフォート・カニングにあったようで、金の腕輪などの貴重な装飾品がここから出土している。

二〇一四年には中学校の歴史教科書が改訂され、それまではほとんど記述のなかった中世の歴史が、一五ページにもわたって挿絵や写真とともに詳述されている。発掘と研究が進むにつれて中世のシンガポールの姿がもっと明らかになるであろうし、中世シンガポールが交易で栄えた貿易拠点だったという歴史認識が広く受け入れられるようになるだろう。

イギリス植民地時代

①アジア自由貿易ネットワークの拠点に

近代シンガポールの「建設者」トーマス・スタンフォード・ラッフルズ（一七八一～一八二六年）がシンガポールに上陸したのは、一八一九年一月であった（写真27）。彼が勤務する東インド会社は、アジアとの香辛料貿易における巨大な利益を求めて一六〇〇年に設立された民間会社であるものの、イギリス政府からアジア貿易の独占権を特許されるとともに、条約締結権や自前の軍隊を持つなど、準国家的権限を保持していた。

写真27　シンガポール川上陸記念の地に立つラッフルズ像。

一八世紀末、彼が一四歳で就職した頃の会社は、既にインドを植民地化し、インドを拠点に中国との貿易を望んでいた。しかし、そのためには途中で水や食糧を補給する寄港地が必要であったが、最適な寄港地マラッカはオランダの支配下にあった。当時、東インド会社ベンクーレン（スマトラ島）副総督の地位にあったラッフルズは、マラッカよりも南に寄港地を確保することを目指した。彼は「マレー年代記」に書かれていたテマセクの存在を知っていて、シンガポール島に目をつけたのである。

当時のシンガポールには中世の繁栄の姿はなく、一五〇人ほどのマレー系漁民と華人農民が住むだけの小さな漁村であり、海賊の住みかに過ぎなかった。ラッフルズは、シンガポールがジョホール王国に属し、支配者サルタンは別のところに住んでいて、オランダの影響下にあることを知る。

しかし、ラッフルズはシンガポールがイギリスとインド、さらに中国を結ぶアジア貿易の根拠地になると確信して、「手段の如何を問わず」（ラッフルズの助手を務めたマレー人アブドゥッラーの回想録）獲得に奔走した。彼はジョホール王国が兄弟間の王位継承問題を抱えていることを知ってそれに強引に介入し、王に就任した弟に不満を抱く兄を「正統なサルタンである」として擁立したのである。この新王との間で一八一九年二月六日に条約を結び、サルタンへのわずかな年金と交換に、ラッフルズはシンガポール川河口付近一帯を獲得した。その後の一八二四年にはシンガポール全島がイギリスの領土となった。ただ、新王は冷遇され、後にマラッカに追放された。彼は弟に「ラッフルズに騙された」という手紙を送っている。

シンガポールを獲得したラッフルズは、「われわれの目的は領土ではなく交易です」と宣言、あらゆる面でこの島をアジア貿易ネットワークの中心にしようとした。まず、一八二〇年には自由港宣言を発してあらゆる物資の持ち込みを許可した。ヨーロッパから綿や毛織物、武器、弾薬、鉄などが、インドからはアヘンが運び込まれ、それらを買い付けに集まった近隣の貿易商人との間で、香料、パームオイル、ココナッツなどと交換されて、シンガポールは瞬く間に賑わいを見せるようになった。人口は、一八二四年は一万七〇〇〇人、一八三六年には三万人、一八六〇年には八万一七〇〇〇人と急増した。

「ここ（シンガポール）は三年も経たないうちに名もない漁村から一万人以上が住む大きな活気ある街になり、商業が活発に行なわれています。（中略）はじめの二年半の間に二八三九隻の船が出入りし、このうちの三八三隻はヨーロッパ人が所有しています」

これは、一八二二年一〇月にラッフルズが友人にあてた手紙の一部である。シンガポールの予想以上の発展を喜び、シンガポールを見出した自分の眼の確かさを誇っている様子がうかがえる。

彼はまた、一八二二年に都市計画を発表し、貿易と商業が発展するための実用的な都市づくりを行なった。シンガポール川河口一帯を市街地とし、中心地区にイギリス植民地政庁や政府機関を、その付近には教会やイギリス人クラブ、パダンと呼ばれる美しい芝生の広場が作られた。現在でもこの付近には、国会議事堂、最高裁判所、旧市庁舎のシティ・ホールなど政府関連機関の建物が並んでいる。さらに、民族別の居住区も作った。

ラッフルズがこのようにシンガポールをすべての貿易業者が自由に利用できるアジア自由貿易ネットワークの拠点としてのみ発展させようとしたこと、さらに民族別の居住区（それほど厳密に分離していたわけではなかったが）を作ったことは、後に国家としての経済的自立と、ほとんど接触のなかった多様な人々を統合して「シンガポール人」を創出するという国民統合の達成に、きわめて重大な困難を投げかけることになるのである。

②移民社会の成立——華人、マレー系、インド系、その他

シンガポールにアジアおよび世界から貿易船が集まると、人も集まった。またイギリスが大規模なゴムのプランテーション建設と錫鉱山開発のためにマラヤに本格的に介入すると、シンガポールはその中継・加工貿易港として、労働力の一大中継地として発展し、さらに多くの人が集まった。イギリスはアジア各地や中東などからの急増する移民労働者を華人、インド系、マレー系、アラブ系、ヨーロッパ系などと分類した。一九三一年には既に人口の七五%を華人が占め、今日の人口構成にほぼ近い状況になった。

では、発展するシンガポールに世界各地から集まった多様な人々は、どのような社会を形成したのだろうか。表3-1に示すように、独立シンガポールはイギリスの

分類を引き継いで、国民を「華人」「マレー系」「インド系」「その他」の四つに分類しているので、その分類に従ったそれぞれのグループを見ていきたい。

表3-1　シンガポールの人口変化と民族別の比率(単位=1000人、カッコ内は%)

年	華人	マレー系	インド系	その他	合計
1860	50.0(61)	16.2(20)	13.0(16)	2.5(3)	81.7
1891	121.9(67)	36.0(20)	16.0(9)	7.7(4)	181.6
1931	418.6(75)	65.0(12)	52.5(9)	21.6(4)	555.7
1957	1,090.0(75)	197.1(14)	129.5(9)	28.8(2)	1,445.9
1990	2,089.4(77)	380.6(14)	191.0(7)	29.2(1)	2,690.2
2000	2,512.7(77)	456.8(14)	261.1(8)	32.6(1)	3,263.2
2014	2,871.5(74)	514.7(13)	348.3(9)	135.5(4)	3,870.7

出典：Cheng, Siok Hwa (1983), "Demographic Trends," in Chen, P.S.J. ed., *Singapore:Development Policies and Trends*, p.69. Department of Statistics, *Singapore Census of Population* 各年版。1957年以降の人口は居住者(市民および永住者)のみ。

華人

最大の移民集団は華人である。イギリスは大量の華人移民に対して華民護司署という移民事務を主に取り扱う機関を設けた以外は、何の法的保護を与えず、居留区への干渉もしなかった。そこで華人移民は出身地の血縁・地縁を利用した互助的なネットワークを形成して自己の安全を確保し、財産を守った。華人移民が作った出身地別の組織は「宗郷会館」と呼ばれる。宗は「血縁」、郷は「同郷」つまり「地縁」を指す。ただ、血縁は親族とは限らない。祖先までさかのぼると血縁関係にたどりつくと考えられる「同姓」によるものである。最も古い会館は、一八一九年設立の曹家館(曹を姓とする人々の組織)だと言われている。

華人移民のほとんどは中国大陸南部の出身であるが、少数ながら、それまで住んでいたマラッカから移住してきた華人もいた。宗教は仏教や儒教、道教などを信仰しているが、近年は若い華人の間にキリスト教徒が増加している(「9社会の変動」参照)。

写真28　最大の会館である福建会館。

一九世紀から二〇世紀にかけて、会館はそれぞれ学校や病院、銀行などを設立して、教育や就労、福利厚生といった面でメンバーとその家族を支えた（写真28）。福建語と広東語、海南語という中国各地の方言は話し言葉では全く通じないから、地縁・血縁のこの互助的なネットワークだけが「安心できる世界」だったのである。会館が運営する学校ではそれぞれの方言で授業が行なわれた。互いに助け合うこの結びつきによって、それぞれの出身地ごとに特徴ある職業分布が生まれ、居留地の「棲み分け」も進んだ。

ただ同時に、会館は同郷人のみの閉鎖的な集団でもあったため、会館どうしの争いも繰り返された。このような会館相互の問題を解決するための上部組織として中華総商会が設立されたのは、一九〇六年のことであった。イギリスは中華総商会に特別な地位を認め、同会との良好な関係を保つことで移民の互助的なネットワークを温存、分割統治を確立していった。

このように華人移民の社会は、居留地も職業も出身地ごとに異なるという全体としてまとまりに欠けるものとなり、ほとんどの移民にとってシンガポールは「まとまった稼ぎをするための仮の宿」で、その意識は常に中国に向いていた。

会館が作った学校が中国の学校教育に沿って修身や読経、中国古典、算数などの系統的な教科を教え、また授業が方言ではなく華語（標準中国語）で行なわれるようになったのは一九一一年以後である。中国式の六年制小学校も相次いで設立された。辛亥革命（封建的な清朝を倒して中華民国を成立させた一九一一年の革命）によって、シンガポールの華人に「中国人」としての愛国心と誇りが生まれたためである。

なお、華語学校で教育を受けた華人を「華語派華人」と呼ぶ。華語派華人は、後述する少数の英語派とシンガポールの自治や独立の行く末をめぐって、戦後に熾烈な政治闘争を繰り広げることになる。

マレー系シンガポール人

シンガポールに居住するマレー系は、シンガポールが元来ジョホール王国に属していたため、先住民と見なされている。マレー系のほとんどは、シンガポールがアジア中継貿易の拠点になると、マレー半島や蘭領東インド（インドネシア）のジャワ島やスラウェシ島から移住してきた。

一九三一年の職業統計（一五歳以上）によれば、農業・漁業に従事する者と、植民地政府の下級官吏や警察官という職に従事するマレー系が全体の半分を占めている。これはイギリスが植民地支配において、土地所有や公務員採用に先住民であるマレー系を優先したからである。

結果として、ビジネスに参入するマレー系はきわめて少なく、中国からの移民が大量に流入する中で、マレー系の多くは都市の中心部から周辺へ移り住んだ。このことが、やがてシンガポール社会におけるマレー系の地位の低さとなり、彼らは発展から取り残されていくのである。

インド系シンガポール人

シンガポールのインド系移民は、南インドの囚人が建設労働者として連れてこられたことから始まったとされる。囚人労働は一八七三年に禁止されたが、労働期限を終えても多くの囚人は帰国せず、シンガポールで建設・港湾労働に従事した。

さらにその後、イギリスはインド南部タミル地方からゴム園労働者や建設労働者として大量のタミル系インド人の移住を奨励した。彼らはタミル語を話し、ヒンドゥー教徒であり、低いカーストに属するものがほとんどである。一方、イギリスは彼らの監督官として、彼らよりも高いカーストに属するセイロン（現スリランカ）人を雇った。また、パンジャブ州など北インドからの移民もやってきた。彼らはイスラム教徒やシク教徒で、弁護士や医師、下級官吏、兵士であり、彼らの言語はタミル語と全く通じない。

このように人口の一〇％に満たないインド系社会は、現在でも言語や宗教によって分裂している。

ユーラシア系シンガポール人

植民地官僚や貿易商人などとしてシンガポールにやってきたヨーロッパ人とアジア人の間に生まれた子どもとその子孫が、ユーラシア系である。ユーラシア系は、現在の人口分類で全体の四％ほどの「その他」に含まれ、数は少ないものの、第二代大統領ベンジャミン・ヘンリー・シアーズ（在位一九七一～八一年）などの重要な人物を排出している。

一九世紀末から二〇世紀に入ると、このような多様な移民たちの中には、祖国との絆を断ってシンガポールに定住する移民も増えた。定住した人々はイギリスに忠誠を誓い、自ら英語を学び、かつ子どもをイギリスが作った英語学校で学ばせ、自分たちは移民集団とは異なる社会集団であると考えた。英語教育を受けたこの集団は、華人の場合は「クィーンズ・チャイニーズ」または「海峡華人」、後に「英語派華人」と呼ばれ、下級役人や弁護士、医師、ヨーロッパ系企業の社員などの社会的地位の高い職業に就き、イギリス総督の諮問機関である審議会委員に任命されるなど、政治的に大きな影響力を持った。

海峡華人は、一八八八年にビクトリア女王即位五〇年を祝った彫像を贈る（彫像は現在でも大統領官邸の中庭に置かれている）などイギリスへの忠誠を示し、また中国大陸南部からやって来る大量の移民に対抗して自分たちの利益を守るために一九〇〇年には「英籍海峡華人公会」を結成した。

なお、少数ではあるが、一五世紀から数世紀にかけて移住し、現地女性と結婚するなどして土着化したプラナカンと呼ばれた中国系の人々もいた。プラナカンも英語教育を受けて社会的に高い職業に就いた人が多く、英語派華人に分類される。リー・クアンユー夫妻はプラナカンである。

マレー系やインド系移民の中にも、英語派華人などと同様に英語を積極的に習得し、シンガポールに将来を見出した者もいた。このような英語教育を受けて高い社会的地位を得た集団は「英語派」と呼ばれる。

日本軍政期
「昭南島」の人々の生活

①ロウムシャ、「粛清」、強制献金

「昭南島」――一九四二年二月から一九四五年八月までの日本軍政期、シンガポールはこのように日本から命名された。それまでイギリス植民地政府の存在を前提に暮らしてきた当時のシンガポールの住民にとって、イギリス極東軍、東洋艦隊、極東空軍のあっけない敗北は、「大英帝国」の没落を象徴するに十分な事件であった。住民にとって全く未知の時代が始まったのである。

シンガポールは英領マラヤのゴム、錫という戦略物資の中継・加工貿易港であり、軍港でもあったために、日本軍政においてもその中心となり、中央軍政局が置かれた。「南を照らす」という意味の「昭南島」と名づけられたのは、日本がこの島を重要視していたことを示している。

日本軍政の特徴は、イギリス時代よりも徹底した民族別の支配であった。従来イギリス人が占めていたポストには日本人が任命されたが、絶対数が不足していたために、下級官吏であったマレー系が高い地位に登用され、官吏の養成もマレー系を中心に行なわれた。また、インド系は祖国インド独立のための組織である「インド独立連盟」への参加を促され、比較的優遇された。

もっとも、このように優遇されたマレー系とインド系がいる一方で、「泰緬鉄道」の工事に駆り出されて負傷したり、死亡したマレー系やインド系も多かった。泰緬鉄道とは、第二次世界大戦中に日本軍がタイとビルマ（ミャンマー）との物資輸送を目的として建設した鉄道で、日本の占領地から何千人もの連合軍捕虜や占領地の人々が労務者として突貫工事に従事させられた。優遇された数よりも強制労働に従事させられた数の方が多かったという研究報告もある。「ロウムシャ」は戦後長い間シンガポールで通用した日本語となったほど、日本軍が科した強制労働は住民に大きな衝撃を与えた。

写真29　私財を投じて設立した華僑中学に立つタン・カーキー像。

一方、華人は冷遇された。それは、シンガポールが東南アジア華人の「抗日救国運動」の拠点だったからである。抗日救国運動は、中国本土で起こる反日運動と連動して、日本製品ボイコット運動として始まった。一九一九年の「五四運動」（一九一九年五月四日に北京の学生数千人が天安門広場からデモを始め、各地の学生も呼応し全国に広がった反日、反帝国主義運動）直後には、シンガポールで一一ヵ月間にわたって日本製品ボイコット運動が続いただけでなく、日本商品を扱う商店や日本人商店・家屋までも襲撃された。さらに、満州事変（一九三一年）以降は積極的な抗日救国運動に発展した。

この運動を率いたのは、ゴム事業で成功したタン・カーキー（一八七四～一九六一年）で、タンは一九三七年に巨額の援助金と物資を中国に送るという大規模な運動を、シンガポールを拠点として開始した（写真29、七六ページ参照）。

東南アジアに居住する華人の九〇%が募金を行なった

と言われるほど運動は広がりを見せ、日本の東南アジア侵攻直前の一九四一年にはこの運動の支部は東南アジア全域で二〇〇を数えた。また、多くの若い華人が武器を取って抗日義勇軍に参加し、ビルマを通って中国に至る物資運搬道路のトラック運転手になったりした。

日本は抗日救国運動に参加した華人を「抗日分子」として摘発しようとしたが、誰が「抗日」で誰がそうでないのかの区別がつかないため、一八歳から五〇歳の華人男性全員を数ヵ所に集め、三日間にわたって憲兵隊による検証を行なった。約六〇万人もの男性が検証を受け、「抗日分子」（検証の基準は曖昧で、英語が話せる、抗日義勇軍に参加したことがある、あるいは義勇軍を知っていると判断されただけで、「抗日分子」とされた）「共産主義者」と見なされた者はそのままトラックに乗せられ、東海岸で銃殺されるか、海で溺死させられた。「粛清」（シンガポールでは福建語でスークチンと呼ばれる）として知られるこの大虐殺の被害者は、六〇〇〇人とも四万人とも言われている（写真30）。

さらに日本軍は抗日救国運動の「償い」として、華人社会に五〇〇〇万マラヤドル（一マラヤドルは四七セント）の強制献金を課した。華人社会の指導者たちは、住民に家財道具を売ることまでも呼びかけてこの途方もない金額の工面に奔走し、二九〇〇万マラヤドルを集めた。残りは日本の横浜正金銀行から借金をして、何とか科せられた金額を集めたのである。

写真30 「粛清」の様子を伝えるシンガポール歴史教科書副読本。

占領直後の「粛清」と強制献金は、華人の抗日意識を決定的なものにした。なお、日本軍が必死に捜し求めたタン・カーキーは、日本の侵攻直前にジャワ島（インドネシア）に逃れ、占領が終わるまでジャワに潜伏した。

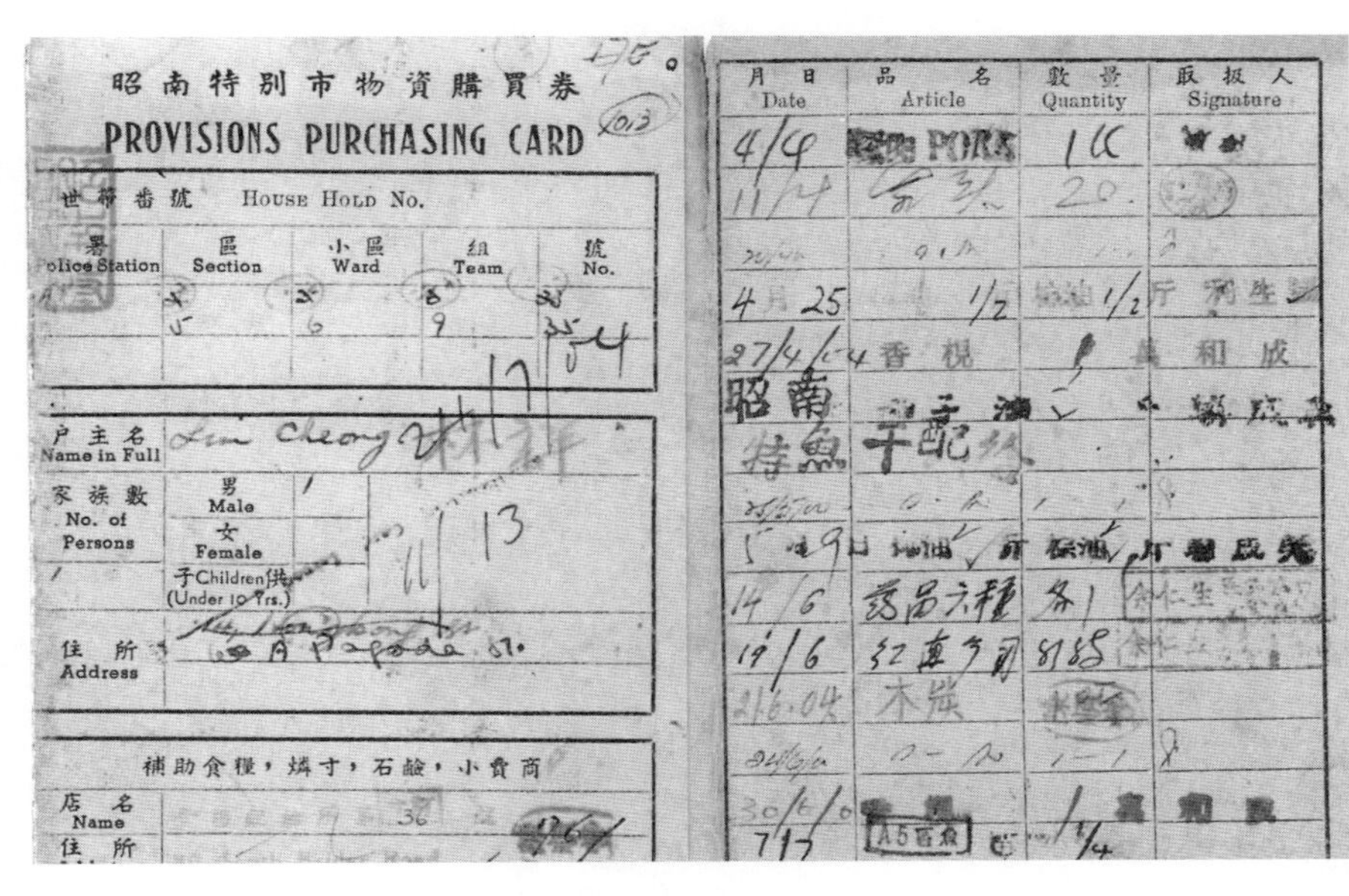
昭南特別市物資購買券
PROVISIONS PURCHASING CARD

世帯番號 HOUSE HOLD No.				
署 Police Station	區 Section	小區 Ward	組 Team	號 No.
5	6	9		

戸主名 Name in Full	Lim Cheong
家族數 No. of Persons	男 Male 1 / 女 Female / 子供 Children (Under 10 Yrs.)
住所 Address	Pagoda St.

補助食糧，燐寸，石鹼，小賣商
店名 Name
住所

月日 Date	品名 Article	數量 Quantity	取扱人 Signature
4/4	PORK	1	
11/4		20.	
4月25	1/2	1/2	
27/4	香梘	1	
14/6	藥品六種	各1	
19/6			
	木炭		
7/7	A5	1/4	

写真31　配給のために各世帯に配られたカード。

②軍政下の住民生活とナショナリズムの芽生え

日本軍は占領三ヵ月目に戸口調査を行ない、米や食糧、塩、砂糖などは家族数の多少によって配給所から公定価格で配給する制度を開始した（写真31）。配給のための組織化は厳密に行なわれ、シンガポール全体を七つの大区に分割、さらにいくつかの小区に分け、それぞれの区長に責任を負わせた。区長は配給のみならず、警備や警防、労務者供出の仕事も負わされ、軍政末期には日本軍の塹壕掘りや防空壕作りなどのために特別奉仕の人員を供出する義務も負わされた。

学校教育では日本語教育が強行され、朝の体操後には「東京遥拝」が児童・生徒や教職員に強要された。華語

写真32　わずかに残る昭南神社の手水鉢。

学校と英語学校は激減し、残された学校では日本語が必須となった。伊勢神宮を模して造られた荘厳な昭南神社には、イスラム教徒までも参拝させられた。なお、昭南神社は日本の敗戦直後に破壊されて今はないが(写真32)、シンガポール国立博物館「歴史ギャラリー」の「昭南の一九四二年－一九四五年コーナー」に行くと、神社建立の様子を収めた当時のフィルムを見ることができる。

このようにシンガポールのほとんどの住民、特に華人にとっては苦渋に満ちた三年半であったが、占領期の恐怖は、シンガポールで生まれ育った移民二世や三世に、親世代とは異なった感情を想起させることになった。イギリスへの忠誠ではなく、植民地支配を打倒し、これに代わる自分たちの国家を樹立しようという植民地ナショナリズム、あるいは独立ナショナリズムを抱かせたのである。

後に初代首相となるリー・クアンユーも憲兵隊による検証を受けたが、列に並ぶ直前に機転を利かせて自宅に逃げ戻り、数日間ジャングルに隠れていた。彼は後にこの日のことを回想して、「その日から私は、我々の運命は我々自身で決める決心をした。外国勢力の走狗や玩具になってはならない。我々が国家の主人になるのだ。欧米外国勢力の統治下に受けた恥辱は十分な苦しみだった。アジアの強国日本の統治下ではさらに苦しかった。私は、再びわが国土を外国人の手に渡してはならないと誓った」と述べている。さらに、日本軍政期のことを「暗黒で残酷な日々は、私にとって最も大きな、かつ唯一の政治教育であった」とも語っている。

このような漠然とした独立ナショナリズムは、一九五〇年代に入ると具体的な「国家意識」として発展していくのであるが、一九四五年からわずか二〇年の間に、シンガポールの政治形態はイギリス直轄植民地、自治領、新連邦マレーシアの一州、独立国家とめまぐるしく変化した。

以下、混乱と激動の二〇年間を概観する。

独立への道

①マラヤ共産党と「マラヤの春」

日本軍政が終わった一九四五年八月一五日からイギリスが東南アジアに戻ってくる九月一日までの二週間、政治的空白を埋めたのは「マラヤ共和国樹立」をめざすマラヤ共産党であった。

イギリスは一九四五年九月一日にシンガポールを再び直轄植民地とした。ただ、この時イギリスは、戦前とは全く異なる状況に直面した。独立ナショナリズムを抱く若者たちと、多くの華人に支持されたマラヤ共産党の存在である。

マラヤ共産党とその傘下の抗日人民軍は、日本占領時代にはほとんど唯一の抵抗組織として、イギリスから武器援助を受けながら激しい抗日ゲリラ戦を繰り広げた。日本の中国侵略、華人の大量「粛清」、強制献金は華人社会に大きな衝撃を与え、多数の華人青年をマラヤ共産党に参加させたため、党員のほとんどは華人であった。

マラヤ共産党はイギリス軍が進駐した時、シンガポールを含むマラヤのほとんどすべての主要な町に部隊を駐屯させ、あたかも占領軍のように行政権を行使していた。マラヤ共産党にとってこの時期は絶好の権力掌握の機会であったが、共産党はイギリスと協力するという平和路線をとった。

イギリス軍政局はマラヤ共産党を公認政党とし、軍政局顧問会議に党員を出席させた。また、軍政局は結社、言論、報道の自由を認めた。マラヤ共産党は軍政局と協力して戦争孤児や失業者を救済する活動を行なう一方、各地で労働組合を組織し、労働条件の改善と基本的人権の擁護を求めるストライキを行なった。戦争直後の食糧事情の悪化と深刻な失業問題を背景にストライキは多くの参加者を集め、ほとんどの場合雇用者は要求を飲んだ。シンガポールはマラヤ共産党の主要な活動拠点で、労働人口の半分がマラヤ共産党傘下の労働組合に参加していた。

言論や結社の自由が認められていた一九四五年九月から四八年二月までの時期を、ある文学者は「マラヤの春」と呼ぶ。日本軍政期の苦しい時代を経験した人々、特に現地生まれの若者の心に、自由な雰囲気の中で植民地支配を打倒して自分たちの国家を樹立しようという独立ナショナリズムが芽生えた。国際連合創設、アジア・アフリカの独立運動といった国際的なうねりも若者たちの気持ちをさらに高揚させ、若者たち、とりわけ華人の若者はマラヤ共産党の活動に参加、もしくは思想的な影響を受けた。

だがこのような自由な雰囲気をイギリスが認めたのは、再びイギリスが政治支配を得るための政策に過ぎず、状況に応じて変わるものでしかなかった。マラヤ共産党の急速な勢力拡大と独立を求める動きはイギリスの許容範囲を超え、イギリスは徐々に共産党の活動に制限を加え始めた。また、共産党員とその支持者がほとんど華人であるため、華語教育に制限を加え、「危険分子」とみなした華語学校教師や学生を逮捕し始めた。

一九四五年一〇月、イギリスはマラヤ共産党に何の相談もなくマラヤ連合案を発表した。この案は、これまで連合マレー州（天然資源が豊富なイギリスにとって重要な四州で、イギリス人理事官を置いて統治）と非連合マレー州（イギリスにとってあまり重要でないその他の州で、自治がかなり認められた）、**海峡植民地**（イギリス直轄植民地のペナン、マラッカ、シンガポール）の三つに分割統治されていた英領マラヤの行政を中央集権的な体制にして植民地支配体制の効率化を図る、一定の条件を満たす住民には平等に市民権を付与する、シンガポールは単独の植民地となるということを骨子としていた。

シンガポールをマラヤから切り離したのは、シンガポールがイギリスのアジア支配における軍事上の要であったことと、華人人口が多く、マラヤ共産党の拠点となっているシンガポールを分離させた方がマラヤのマレー系支配層が案を受け入れやすくなると考えたためである。ただ、イギリスはシンガポールのような小さな島が単独の独立国となることは想定しておらず、シンガポールの分離はあくまで一時的と考えられた。イギリスはただちにマラヤ各州のサルタンとだけ協議に入ったが、彼らは平等の市民権が非マレー系の権利拡大につながることを恐れて反対し、マラヤ連合は短命に終わった。一九四六年一二月、イギリスはサルタンの戦前の統治権を回復させ、非マレー系の市民権を制限するマラヤ連邦案を発表した。シンガポールはやはり単独の植民地として分離されたままであった。

マラヤ共産党は、マラヤ連合案には独立への展望がなく、シンガポールが切り離されることを挙げて猛然と反対、連邦案も戦前のイギリス統治の復活であるとして、マラヤとシンガポールのすべての団体に反対のための統一戦線の結成を呼びかけて、大規模ストを敢行した。しかし、イギリスの弾圧と統一戦線切り崩し工作の前に統一戦線は崩壊、一九四八年二月にマラヤ連邦は成立した。

マラヤ共産党は武装闘争の準備を開始するが、準備が十分に整わない同年六月にイギリスは非常事態を宣言して大量の党幹部を逮捕した。マラヤ共産党はこの日をもって武装闘争開始に踏み切った。一九四八年から五一年の間にイギリスの組織的な攻撃を受けたマラヤ共産党シンガポール地区委員会は、ほぼ全員が逮捕されるかジャングルに逃れて壊滅した。

マラヤ連合によって一時的にマラヤから分離されたシンガポールであったが、マラヤ連合からマラヤ連邦に至る過程でのマラヤのマレー系ナショナリズムの高揚は、両者を遠ざけることになった。マレー系支配層が、華人人口が多く、マラヤ共産党の影響力が強く残るシンガポールの再統合に難色を示し続けるのである。

シンガポールがマラヤに再統合されるのは、一九六三年九月のマレーシア連邦成立まで待たねばならない。

②独立の担い手――英語派と華語派

一九五三年秋になるとマラヤ共産党の武装闘争はピークを過ぎ、イギリスはシンガポールの自治に向けたペースを加速させることを決定した。世界各地のイギリス植民地の独立はもはや不可避であると考えたためである。

一九五五年には、一九四八年に導入した立法審議会（イギリス総督の諮問機関で、住民の一部に選挙権を限定した制限選挙によって審議会メンバーの一部を選出した）を廃して、民選議員が過半数を占める立法議会を創設することを決定し、自治政府の成立を認めた。ただ、財政や防衛、治安、情報はイギリス人官吏に委ねられていたこと、議会での使用言語は英語とすることなどからわかるように、イギリスが許容するシンガポールの自治はかなり限定されたものであった

立法議会選挙は一九五五年四月に実施されることになった。イギリスは政党の結成を促すために報道や集会の規制を緩和した。労働組合運動や学生運動も再び活発に

なり、「マラヤの春」の洗礼を受けた住民、特にシンガポール生まれの若者のほとんどは現地志向を強めて、自治と独立を求める政治活動を活発化させた。

政治活動を活発化させたグループは大きく分けて二つあった。一つは「英語派」で、植民地シンガポールにおいて社会的地位の高い職業に就き、審議会委員に任命されるなど、政治的に大きな影響力を持ったグループである。その中には華人やインド系、ユーラシア系など多様な人々がいた。

英語派の代表が、後にシンガポール初代首相となるリー・クアンユーである。彼は共にイギリスで学んだ英語派の仲間たちと政治運動を始めた。ロンドン大学で経済学博士号を取得し、政府公務員となったゴー・ケンスイ（一九一八年生まれ、一五二ページ参照）、同じくロンドン大学で法律を学び、英字新聞の記者となったインド系のラジャラトナム（一九一五年生まれ）、ロンドンの王立医学院で医学博士号を取得したトー・チンチャイ（一九二一年生まれ）、ユーラシア系のエディ・ベーカー（一九二〇生まれ）である。彼らはリーの片腕として、後に独立シンガポール政府の要職を長期にわたって歴任する。

もう一つのグループは華語教育を受けた「華語派華人」である。彼らの現地志向を決定づけたのは、一九四九年一〇月の中華人民共和国建国によってイギリスが中国からの新規移民を禁止し、さらに中国とシンガポールの往来を禁止したことであった。祖国を志向していた華語派華人は、中国に戻るかシンガポールに留まるかの選択を迫られたのである。

祖国に戻った華人の代表は、ゴム事業で巨額の財を成し、戦前は抗日救国運動を率いたタン・カーキーである。心は常に中国にあった彼は、中華人民共和国設立直後に帰国した。

一方、既にシンガポールに生活基盤のある住民のほとんどやシンガポール生まれの若者はシンガポールに残った。その多くは、華語学校に介入して華語教育を制限し、華校関係者を「危険分子」として逮捕するイギリスに反感を抱き、また社会主義や共産主義思想に共鳴する者が多かった。

華語派華人の代表はリム・チンシオン（一九三三年生まれ）であろう（写真33、七八ページ参照）。彼はタン・カーキーが創設した華語学校の名門華僑中学在学時代に、華校の環境が英語学校に比べて施設も教員・学生の待遇も劣っていることを痛感、学内でデモや試験ボイコットを行なって待遇改善を要求したものの、退学となった。その後はいくつかの労働組合の専従書記として組合運動を率いてイギリス植民地権力と対峙、その演説の巧みさと大衆動員の力は際立っていた。

③人民行動党（PAP）の結成

リー・クアンユーはイギリスから帰国した直後に、労働組合や華語学校学生と一緒に積極的にデモの先頭に立ち、彼らが逮捕されるとその弁護を引き受けて、急速に華語派と接近していった。

写真33　リム・チンシオン（中央の鳥かごを掲げている人物）。

「一九五四年のある日、私たち（英語派）は華語派の世界と接触した。華語学校学生は（中略）あちこちで警察と衝突し、逮捕され、裁判にかけられていた。私たちは華語派世界――バイタリティとダイナミズム、革命に満ち、過去三〇年にわたって共産党が働きかけ、成功を収めてきた世界――に橋をかけた」――リーは華語派世界の若者との出会いとその後の連携を、このように回想している。この頃彼は幼い時から慣れ親しんだ英語名ハリーを捨てた。華語派と連携するには英語名は邪魔になるという判断であった。さらに彼は家庭教師を雇って熱心に華語を学び始めた。彼のような大衆から遊離した一握りの英語派エリートが短期間のうちに政治権力を握るには、大衆的基盤を有する既存の勢力と連携しなければならないからである。

一方の華語派は、単独で政党を結成しても登録が認められない可能性が高かったことと、一緒にデモの先頭に立ったイギリス帰りの有能な弁護士リー・クアンユーを信頼したため、自治と独立の獲得を英語派とともに行なうことを決めたのである。

一九五四年一一月、一五〇〇人余の労働組合活動家、

華語と英語学校関係者や知識人など多様な人々が集まって、ＰＡＰ（People's Action Party 人民行動党）結党大会が開かれた。党書記長はリー・クアンユー、委員長はトー・チンチャイという英語派であるが、リム・チンシオンら華語派も党幹部として大会のステージに上がった。このようにＰＡＰは、同時期に結成された他の政党が英語派中心の保守的な政党であったこととは異なり、大衆レベルに支持基盤を持つ華語派と少数のエリートである英語派の連携した政党として出発した。

一九五五年四月の立法議会選挙では、リー・クアンユーやリム・チンシオンなど数人のＰＡＰ候補者が当選した。

しかし、シンガポールの治安や憲法停止の権限を保持したいイギリスとそれを支持する英語派、反対する華語派の間の対立は、自治権獲得をめぐる交渉の中で次第に大きくなっていった。華語派は治安がイギリスに握られたままでは植民地時代と同じと考えた一方、英語派はイギリスや隣国マラヤ連邦との良好な関係を維持することで、自らの権力基盤を強固なものにしようとしたのである。

一九五六年九月から一〇月にかけて行なわれた治安作戦は、政治状況を決定づけた。リム・チンシオンを含む華語派や労働組合関係者など数百人が「危険分子」として逮捕され、ＰＡＰの華語派幹部は次期総選挙に立候補する資格を失ったのである。さらにリーは華語派が不在の間に党規約を改正して、党員を幹部党員と一般党員に分け、幹部党員になれるのは党の最高意思決定機関である中央執行委員会の賛成を得たもので、かつ中央執行委員会を選出する党大会に参加できるのは幹部党員だけとした。華語派は釈放されても党の意思決定には関われなくなった。

イギリスとの自治権交渉はスムーズに進み、一九五九年にシンガポールはイギリス連邦内の自治領となり、外交と防衛を除いた内政自治権が付与されることになった。議会定員は全員が選挙で選出される五一議席となり、普通選挙権も導入された。また、五七年に市民権法が決定し、中国生まれの者（約二二万人）にも市民権が付与されたため、住民のほとんどが選挙に参加できることになった。

内政自治権付与に伴う初の総選挙は一九五九年五月に行なわれ、ＰＡＰは五一議席中四三議席を獲得して大勝し、リーは三五歳の若さで自治領シンガポールの首相となった。リム・チンシオンらは釈放されたものの、もはや議員でも党幹部でもなくなり、党の周辺に位置せざるを得なくなった。

④マラヤ連邦への統合による独立

政権を獲得するとリーは、マラヤ連邦（一九五七年にイギリスから独立）への統合による独立に向けて活動を開始した。既に述べたように、日本軍政が終わった直後にイギリスはマラヤ連合、マラヤ連邦を発足させてシンガポールを分離し、単独の直轄植民地としたものの、シンガポールのような小さな島が単独の独立国となることは想定しておらず、シンガポールの分離はあくまで一時的と考えられた。

リーもマラヤと再統合し、シンガポールがマラヤの経済基地として発展することを考えていた。農業・漁業生産に乏しく、天然資源もほとんど産出せず、伝統的な中継貿易に依存するシンガポール経済にとって、ゴムと錫が豊富な人口の多いマラヤは後背地としても市場としても重要であった。周辺諸国の独立によって中継貿易は相対的に衰微しつつあり、工業化も急務だった。また、シンガポールが単独で独立することは政治的にも考えられなかった。多数を占める華語派華人の親中国感情が表出して、イギリスや反共的なマラヤ政治指導者の敵意の対象となると思われたこと、もっと重要なことは、党内の華語派を抑えて主導権を握り続けるためにはマラヤ連邦やイギリスによる圧力が必要であったからである。

リー率いる新政権は一連の「マレー化政策」を発表、まず自治領シンガポールの初代大統領（象徴的な地位）にマレー系のユソフ・イシャクを任命した。ジャーナリストとして活躍し、マレー語新聞を創設して、戦後のマレー・ナショナリズムの高揚に大きく貢献した彼を任命することで、マラヤ連邦との関係を親密にしようとしたのである。なお、現在のシンガポールの紙幣には彼の肖像が使われている。

また、国語をマレー語としてその習得を教育機関に義務付けるなどマレー語の普及を図り、マレー語習得による共通のアイデンティティづくりが開始された。一方、公用語は英語、華語、タミル語とされたが、英語は「国際語であり、科学技術の言語」として重視されたため、実質的にはマレー語と英語の強化であった。

表3-2　統合の形態と人口

統合の形態	総人口	人口内訳
マラヤ連邦＋シンガポール	約850万人	マレー系43%、華人44%、インド系9%
マラヤ連邦＋シンガポール＋ボルネオ3地域	約971万人	マレー系46%、華人42%、インド系8%

出典：*Federation of Malaya Official Yearbook 1962*, p.40, *Singapore Yearbook of Statistics 1977-78*, p.15 より筆者が算出。

英語派と華語派の対立は、一九六一年五月マラヤ連邦首相アブドル・ラーマンがシンガポールの連邦への統合を発表した直後から、決定的となった。当初は華人と左派の多いシンガポールの統合に消極的だった連邦政府が統合に前向きになったのは、シンガポールの華語派が勢力を拡大し、中国やソ連の支援を受けて、シンガポールに親共政権ができることを恐れたためである。ただ、連邦はシンガポールだけの統合ではなく、当時はイギリス保護領であったボルネオの三地域（サバ、サラワク、ブルネイ）を統合して新連邦マレーシアを結成するという提案をした。表3-2に示すように、シンガポールのみを統合したのでは、華人人口がマレー系人口を上回るため、ボルネオ三地域をも含むことで、新連邦においてマレー系人口の優位を保とうとしたのである。

リーは直ちに連邦政府との交渉に入り、外交と治安の主権は連邦政府が有する、シンガポールは教育と労働行政の自治権を有するなどの条件を提示した。一方、華語派は、シンガポールが単独で独立しても経済的にやっていけないため、戦前のようにマラヤの一部として発展していくことが最良の道と考えていたものの、外交と治安の主権が連邦政府の管轄であることに反対し、「まずシンガポールが完全に独立して対等の立場で連邦と統合問題を話し合うべきである」と主張した。また、反共的な連邦政府が治安の主権を利用して、自分たちを弾圧することも恐れた。

英語派は、華語派が党の政策に反対するなら党の要職から退くように求め、華語派は一九六一年七月に社会主義戦線を結成した。PAPは分裂し、英語派は議会でかろうじて過半数を維持するだけとなったが、今や連邦政府がその立場を全面的に支持した。

リーは自らが進める統合案の是非を総選挙で問うのではなく、住民投票に持ち込んだ。総選挙を行なっても絶対過半数を取ることは難しいと判断したためである。しかしながら、住民投票は統合の可否を問うのではなく、選択肢はどれもマラヤ連邦への統合を前提に、統合の三つの形式（PAPと連邦政府の間で合意された案、無条件で完全な統合、自治が制限された統合）を問うものであった。投票を棄権した者には罰金が科され、空白票はPAPへの白紙委任とされた。その結果、PAPが進める統合案に七一％が賛成した。

一九六三年に入ると、シンガポールの政治情勢は大きな局面を迎えた。インドネシアの「対決政策」によってマレーシア連邦成立は他の東南アジア諸国を巻き込んだ国際問題となったのである。「対決政策」とは、容共路線を取っていたインドネシア大統領スカルノが「マレーシア連邦結成はインドネシアと中国を包囲する新植民地主義である」と宣言、ボルネオやマレー半島にも武装勢力を送って、マレーシア構想を粉砕しようとした政策である。シンガポールの中心地オーチャードのビルでも爆破事件が起こり、三〇人以上の死傷者が出た。爆弾テロを仕掛けたインドネシア人兵二人は逮捕され、処刑されたが、この処刑は後の対インドネシア関係に影を落とすことになる。

「対決政策」は社会主義戦線弾圧の絶好の口実となった。一九六三年二月イギリスとマラヤ連邦、PAPは「社会主義戦線党員はマラヤ共産党下の過激派・共産主義者」であるとして、協力して「冷凍庫作戦（オペレーション・コールドストア）」と称する治安作戦を実施、リム・チンシオンら党幹部および党支持者など一〇〇人以上を再び根こそぎ逮捕したのである。このような野党に対する抑圧・弾圧は独立後もPAPの常套手段となっていく。

一九六三年九月、マレーシア連邦結成の直前にシンガポールで総選挙が行なわれた。党幹部をほとんど失った社会主義戦線は得票率三三％と善戦したものの五一議席中一三議席にとどまり、三七議席（得票率四六％）を獲得したPAPが勝利した。

新連邦マレーシアは一九六三年九月一六日に結成され、シンガポールはその一州となることでイギリス植民地から脱した。なお、ブルネイは新連邦への参加を見送り、イギリス保護領に留まった。

⑤単独の共和国へ

新連邦マレーシアへの統合によって念願の独立を果た

したシンガポールであったが、連邦政府との軋轢は統合直後から生じた。それは、統合の思惑が両者で異なっていたからである。既に述べたように、連邦がシンガポールの統合に前向きになったのは、PAP内の華語派の勢力拡大を抑えるためであった。だが、マレーシア連邦結成直前にPAPから分裂した野党社会主義戦線の幹部はほとんど逮捕され、一九六三年九月の総選挙では英語派が多数となったPAPが勝利した。連邦政府にとってもはやシンガポールを統合する必要性は薄れてしまったのである。

新連邦結成直後にまず、経済問題が表面化した。リーは、シンガポールを新連邦の経済基地として発展させようと意気込んでいた。一九六二年の対インドネシア貿易は輸入では全体の約二〇%、輸出では九・六%、中継貿易に占めるインドネシア貿易の割合は実に四〇%にものぼったが、「対決政策」によって貿易は落ちこみはじめていたからである。シンガポール州政府(PAP)は工業化振興のためにシンガポールに投資する外資企業への優遇措置を連邦政府に提案したが、連邦政府は承認しなかった。一九六三年当時のシンガポール一人あたり所得は五三九米ドル、一方のマラヤは二二〇米ドルしかなく、連邦政府は既に発達したシンガポール経済の更なる発展よりも農村開発を重視した。

不満を強めたPAPは、連邦議会に自らの代表を送り込んで、経済協力を進めようとした。連邦政府の与党は、マラヤ半島部ではマレー系を代表する政党である統一マレー国民組織、華人を代表する政党である華人協会、およびインド系を代表する政党の三つの連合であったが、PAPは華人協会に取って代わって、PAPが与党連合の一角を担おうと考えたのである。

一方で、マレー系優遇政策の是非でも両者は対立を深めていた。連邦政府は、経済的・社会的に華人よりも遅れたマレー系に特権を与えてその地位を向上させるというマレー系優遇政策をマラヤ連邦以来堅持していたが、それはPAP英語派には受け入れ難いものだった。リーをはじめとする英語派は出身の民族から遊離した存在であり、民族意識は薄い。彼らは特定の民族に対する優遇よりも、もっと一般的な社会的・経済的改革こそが恵まれない人々を援助する基本であると考えていた。だが、このような考え方は、連邦政府の眼にはマレーシアの国家原理そのものを脅かすものと映った。

連邦政府の与党連合に入り込もうとしたＰＡＰは、一九六四年九月の連邦議会選挙で華人協会の選挙区に一〇人の候補者を立て、マレー系優遇政策を批判した。しかし、マラヤ連邦時代からの国家原理であるマレー系優遇政策を批判しながら、連邦政府そのものではなく与党連合の一角である華人協会に取って代わろうとするＰＡＰのやり方には無理があった。選挙の結果は、わずか一人だけの当選という惨敗に終わったのである。

ＰＡＰは連邦政府の与党連合の一角に入り込むのではなく、連邦政府が進めてきたマレー系優遇政策を正面から議論・批判することで、優遇政策によってチャンスを奪われている華人一般大衆の意識を刺激して与党連合内の反目を招来し、与党連合そのものを瓦解させようとした。ＰＡＰは、連邦政府の政策は「マレー系のマレーシア」をつくるものであり、ＰＡＰは「マレーシア人全体のためのマレーシアをめざす党」と位置づけ、「一九七四年までには連邦の与党となる」ことを目標に、首都クアラルンプルをはじめ、いくつかの都市に支部を置いて活発な活動を開始した。同時に、連邦政府の政策に不満を持つ東マレーシア（ボルネオ）のいくつかの政党を結集して、「マレーシア人のためのマレーシア」実現のためのマレーシア連帯会議を結成し、連邦政府の政治支配に真っ向から対立を挑んだ。一方、これに反発した連邦政府は、シンガポールでもマレー系優遇政策を行なうようＰＡＰに要求、ＰＡＰが拒否をすると、シンガポールのマレー系を反ＰＡＰの方向に誘導し始めた。

このようにＰＡＰと連邦政府の間の経済的対立が民族対立に転化して、両者の対立は抜き差しならない状況となる中、シンガポールで一九六四年七月と九月の二度にわたって、華人とマレー系の間で暴動が発生（写真34）し、多くの死傷者が出た。ＰＡＰは、暴動は連邦政府のマレー系政党の扇動によるものとみなし、マレー系政党側は、暴動は抑圧されたシンガポールのマレー系の不満が高じたものと主張した。

連邦政府のマレー系政治家の中には、マレーシアの国家原理に異を唱えるリーを逮捕すべきだという強硬論も出始め、さらなる民族対立の激化を恐れたラーマン連邦首相は、最終的にシンガポールの分離を決定した。

分離に至る交渉は、一九六五年初頭から秘密裏に進められた。連邦政府に真っ向から対立を挑んだPAPであったが、分離には強く抵抗した。リーは、シンガポールのマレーシアにおける経済的重要性ゆえに、まさか連邦が分離を決定するとは考えていなかったのである。しかし、ラーマン首相の決意は堅く、一九六五年七月に両者は合意、八月九日に連邦議会でシンガポール分離が発表された。

写真34　1964年7月暴動直後に戒厳令が出された街の様子を伝える華字新聞の写真。

ラーマン首相は議会の演説の中で、分離を決定付けた要因として、PAPの連邦議会選挙への進出、「マレーシア人のマレーシア」キャンペーンとマレーシア連帯会議の結成、および経済的な対立をあげている。特にマレーシア連帯会議の結成は「マレーシアはマレー系が支配している（国）というよくない印象を与え、かつ華人が圧迫されているような誤解を内外に与えた」と述べている。

一方、シンガポールで分離を発表したリーは「私にとって、これ（分離・独立の発表）は苦悩の瞬間であります。なぜならこれまでの人生をかけて、私は二つの地域が統合されることを信じて進んできたからです」と述べると言葉を詰まらせ、ハンカチで涙をぬぐった（写真35）。

一九六五年八月九日シンガポールは単独の独立共和国となり、リーは初代シンガポール共和国首相となった。

写真35 独立会見を行なうリー・クアンユー。

The Straits Times

Tengku pledges support for admission to Commonwealth and United Nations

What it means—at a glance

Singapore is out

SINGAPORE today separated from Malaysia, following an amendment to the Constitution approved unanimously by both Houses of Parliament under a certificate of urgency.

Tengku: It was my idea...

Secret signing

Raja is named Foreign Minister

写真36 シンガポールの分離・独立を伝える英字新聞(中央右の写真がラーマン首相)。

ラッフルズ（一七八一〜一八二六年）

スタンフォード・トーマス・ラッフルズは一七八一年にロンドンと西インド（ヨーロッパから西に向かうと出会う島や大陸のことで、カリブ海の島々や南北アメリカ大陸を指す）を往復する小さな定期船の船室で生まれた。その小さな定期船の船長にすぎない父を持つ彼の家は貧しく、ラッフルズは一四歳で学校を離れてイギリス東インド会社の臨時職に就いて家計を助けなければならなかった。だが、その職は、その後の彼の人生のみならず、東南アジアの歴史を大きく左右することになる。

満足な学校教育を受けることができなかったラッフルズは、仕事の余暇をすべて学問に費やした。やがてその知識と職務への忠実さで上司に認められ、正式の社員に採用された。その後は発展するペナンの商館への赴任に始まり、ジャワ副総督などの任に就いて、イギリスのアジア植民地政策の決定に重要な役割を果たすようになった。鎖国中の日本との接触も図ったが、失敗に終わったと言われている。

ラッフルズは「近代シンガポールの建設者」であるとともに、「啓蒙主義の闘士」とも呼ばれている。

彼は当時のイギリス植民地官僚としては異色の存在であった。自らマレー語を修得し、マレー語、ジャワ語、バリ語などの語彙を編纂し、現地の歴史や文化を積極的に学び、動植物の採集を行なった。

その著『ジャワ誌』（全二巻）は、今日でもなお、ジャワを学ぶ人の重要な文献となっているし、ボルネオ島で発見した世界最大の花弁を持つ赤い花は、ラッフルズと調査に同行した植物学者ジョセフ・アーノルドにちなんで、ラフレシア・アルノルデと名付けられた。これは直径九〇センチまで成長し、異臭を放ち、葉や茎を持たないという不思議な花である。しかし残念ながら、彼が採集・収集した膨大な動植物の標本や資料は、帰国船が嵐や火災に遭ったために、ほとんどが失われてしまった。

ラッフルズは教育の普及にも取り組んだ。教育の普及こそが、商業を発展させる不可欠の前提の一つになると考えていたからである。彼はマレー人が自らの言葉で自らの文化や歴史を学べる教育機関の設立を試みた。それは彼がシンガポールを去った後に、ラッフルズ学院とし

シンガポールの10人

て具体化された。

このように彼は植民地支配のための研究・調査の重要性を示すとともに、新しい制度のモデルを構築して、包括的で体系的な植民地経営のあり方を示した。

華々しい功績を残したラッフルズだが、その生涯はけっして薔薇色ではなかった。シンガポールを獲得するときの交渉や条約締結は、東インド会社の承認を待たずに行なわれたため、会社は「彼の勝手な行動」を許さなかった。彼の行動がオランダを刺激し、イギリスとオランダの戦争を引き起こす可能性を憂慮したのである。ソフィア夫人（二番目の妻、ラッフルズの活動を最後まで支え続けた）は『回想録』に、「職務上、ラッフルズ卿は自分の責任で行動せざるを得なかった。会社に照会して指示と回答を求めたが、それは遅れたり、来なかったりしたため、成行き上、前進せざるを得なかった」と書いている。

一八二四年にオランダとイギリスは互いの東南アジアの領土確定を行ない、イギリスのシンガポール領有は安泰となったが、会社はラッフルズを許さなかった。彼は船の火災で失った自分の財産の損失補償と年金を会社に請求したが、会社は却下しただけでなく、彼の休暇中に会社が彼に支払った給与などの返済まで要求した。彼はほとんどすべての貯金を下ろし、彼の死後には夫人は自分の資産も売り払って要求に応じた。

家族も次々に失った。最初の妻と、ソフィア夫人の間にできた五人の子どものうち四人を熱帯の地のコレラや赤痢で亡くし、彼自身も先天性の脳の病気（脳腫瘍だったと言われる）に悩まされ、四五歳という若さでこの世を去った。友人や支持者の尽力によって彼の功績がイギリスで認められたのは、死後何年も経ってからである。

シンガポールを「わが子」と呼び、発展の礎を築いたラッフルズの功績を称えて、彼が最初に上陸した場所には大きな銅像が建てられている（写真27）。

写真37　素顔は穏やかで優しい顔のラッフルズ。

タン・カーキー（一八七四〜一九六一年）

「南洋華僑の英雄」タン・カーキーは一八七四年に中国福建省厦門（アモイ）市郊外の集美という小さな漁村で生まれた。十分な教育を受けることなく一六歳でシンガポールに渡り、既にシンガポールで米屋を営んでいた父を手伝うようになった。やがて苦労に苦労を重ねて、また幸運にも恵まれて、一九二〇年代にはゴム園から米貿易まで幅広く事業を展開し、一万人以上を雇う大企業家に成長した。彼の会社のゴム製品の販路は東南アジアから中国、カナダにまで及ぶ世界最大のゴム会社の一つとなった。

同時にタンは、シンガポールの南洋華僑中学設立のみならず、故郷の集美にも小中学校や、師範、水産、農業、航海、商科の学校を次々に設立して、教育の発展に尽くした。彼が創った集美小学校では、貧しい家庭の子どもに対しては授業料も教科書もすべて無料だった。集美の小学校を終えるとすぐにシンガポールに渡り、タンの会社に雇われた少年たちも数多い。

また、タンが一九二一年に設立した厦門大学は、一六年後に中国の国立大学となるまでは、ほとんど彼の私財によって支えられていたと言ってもよい。

厦門大学は「海上の花園」と呼ばれる厦門島の最も景色の良い場所にあり、キャンパスは中国で最も閑静で美しいと言われている。学術レベルも高く、中国の南東地域で有名な総合大学である。

シンガポールに長く居住してそこで財を築いても、タンの眼は常に中国に向き、強烈な中国への帰属意識を持っていた。彼がシンガポールに設立した学校はすべて華語や中国の歴史を学ぶ学校であったし、教師はほとんど中国から招請した。もっとも、このような居住地への無関心と祖国中国への執着は、当時の多くの華人に共通して見られることであった。

タンはシンガポールで孫文の中国同盟会に参加し、孫文の革命活動を経済面でも支援していたが、一九三七年の日中全面戦争開始は、彼の中国への愛国心をいっそう燃え上がらせた。巨額の援助金と物資を中国に送るという大規模な抗日運動を開始し、運動は東南アジア全体に広がって史上最大の抗日救国運動となった。

一九四九年、タンは念願の帰国を果たして中国共産党政権に参画、政治協商会議副主席、全国人民代表大会常務委員などの要職に就いて、今度は中国から東南アジアの華人の教育に情熱を注いだのである。

一九六一年、タンは北京市内で病死した。

タンが中国に永住帰国した後、その事業は娘婿リー・コンチェンが継いだ。リー・コンチェンもまた社会事業に惜しみなく寄付をした。シンガポール国立大学キャンパス内などあちこちにリー・コンチェン財団が寄贈した建物を見ることができる。

しかし、タン・カーキーの名前を見ることはほとんどなかった。それはタンが中国共産党政権の要職に就いたため、その功績を語ることが避けられてきたからである。

もっとも、近年は少し状況が変わってきた。もはや共産主義の脅威がなくなり、中国との経済関係が深まる中で、タンがシンガポールの発展に尽くした功績が少しずつ語られるようになってきた。建設中のMRT新路線ダウンタウン線の駅名にようやく彼の名が登場した。近いうちに道路など他にも彼の名前を見ることができるであろう。

写真38　厦門大学構内に立つタン・カーキーの銅像。

写真39　タンが設立した集美中学校。

リム・チンシオン（一九三三～九六年）

若き日のリー・クアンユーの盟友であり、最大のライバルであったリム・チンシオンは、一九三三年にシンガポールで一三人兄弟姉妹の次男として生まれた。家が貧しかったために学業を中断し、英語のカトリック系中学から名門の華僑中学に転校した時には既に一八歳になっていた。

リムは日本軍政終了直後から一九四八年までの、言論や結社の自由が認められていた「マラヤの春」の空気を吸い、さらに華僑中学の校風にも影響を受けた。華僑中学の教師は学生に「高い教育を受けた者は、自分のためではなく社会のために尽くす」ことを、常に熱く語ったという。彼は華僑中学で学生自治組織に所属、書記長として華語学校の待遇改善などを学校当局やイギリス植民地政府に要求、要求を通すための試験ボイコットをしたことで、退学となった。

一九五四年に工場や小売店労働者組合の常勤書記長になると、わずか三〇〇人程度の中規模組合を、短期間に三万人の大きな組合に成長させた。リムの福建語と華語の演説の巧さと、指導者としての力量は際立っていた。また読書家としても有名で、政治から文学まで幅広い知識を持っていた。

リムの活動にイギリス植民地政府が注目し始めるのと同じ頃、華語派華人との連携を模索していたリー・クアンユーもまた彼に注目して接近した。リムは一九五四年にＰＡＰ創設メンバーの一人となり、一九五五年の立法議会に立候補して当選し、政治家としての道をスタートさせた。この時はまだ二二歳、史上最年少の政治家である。リムの当選直後に、リーはリムを「シンガポールの次の首相になる人物」と当時の主席大臣に紹介している。

だが、リム・チンシオンとリー・クアンユーの争いはすぐに表面化した。内政自治領になっても治安の権限を保持したいイギリスとそれに賛成する隣国マラヤ連邦の思惑に対して、リムは「それでは植民地支配と変わらない」と反発したのである。

一九五六年にリムをはじめとする華語派が逮捕されると、リーはすぐに党規約を改正し、党の最高意思決定機関である中央執行委員会の賛成多数を得た者のみが幹部

シンガポールの10人

党員となり、幹部党員のみが中央執行委員会メンバーを選出できるようにした。この改正によって、リーに反対する者は党の要職に就くことができなくなった。さらに、逮捕・拘束された者は一九五九年総選挙に立候補できないという規定をイギリスが提案すると、リーは積極的に賛成して、リム・チンシオンが議員になることも阻止した。

リムは一九六一年にPAPを離れて、社会主義戦線を結成したが、一九六三年二月に再び逮捕された。リムの逮捕について当時のイギリス東南アジア総督は「リムは共産主義者かもしれないが、彼がマラヤ共産党や北京の指示の下で行動しているという証拠は何もない。彼は彼の信念に基づいて合法的に行動しているのだから、逮捕する理由はない。しかし、リー・クアンユーとラーマン(マラヤ連邦首相)は、イギリス権力に彼を逮捕させたがっている」と書き残している。

リムは拘束中に精神を病み、一九六八年に婚約者とともにロンドンに行くことが認められた。二人はロンドンで結婚、二人の息子に恵まれた。一九七九年に家族とともにシンガポールに帰国するが、一九九六年二月に心臓発作を起こして帰らぬ人となった。その葬儀はマレーシアで盛大に営まれた。

政治家としてのリム・チンシオンの活動はわずか八年ほどである。彗星のように現れ、消えていったリムであるが、その類まれな演説力と指導者としての力量、誠実な人柄は、強烈な印象を人々に残した。彼よりも八歳年上で既に老獪な政治家になりつつあったリーは、若いリムをPAPの支持基盤を強化するために利用し、その後は徹底的に排除したとも言われている。もしリムがリーと同年齢で、もっと政治家として成熟していたなら、シンガポールの政治史は変わっていたかもしれない。

写真40 リム・チンシオンを偲んで編集された本。

マーライオン像。

チャンギ国際空港。（©Singapore Tourism Board）

アラブ・ストリート。(©Singapore Tourism Board)

リトル・インディア。(©Singapore Tourism Board)

スリ・マリアマナン寺院。（©Singapore Tourism Board，撮影Danny Santos）

ハッジ・レーン。昔はハッジ（メッカ巡礼者）が船を待つ宿場町だったが、今はおしゃれなカフェや雑貨店が並ぶ。（©Singapore Tourism Board，撮影Marklin Ang）

マリーナ・ベイ・サンズの屋上に
ある「天空のプール」。

マウント・フェーバーとセントサ島を結ぶケーブルカー。
(©Singapore Tourism Board, 撮影Darren Soh)

多数の高級ブランドショップが入るオーチャード・ストリートのショッピング・センター。

ボタニック・ガーデン。（©Singapore Tourism Board，撮影Marklin Ang）

イギリス植民地時代の都市計画に基づいて建てられたショップ・ハウス（下が店、上階が住居）。今はおしゃれな店舗や住宅に改造されている。

旧マラヤ鉄道のタンジョン・パガー駅。現在は遺跡として保存されている。

ブキッ・ブラウン墓地。中国以外では世界最大の華人墓地。

日本人墓地。
(©Singapore Tourism Board)

春節（旧正月）を祝う恒例のチンゲイ・パレードと観衆。（©Singapore Tourism Board）

F1コース。（©Singapore Tourism Board, Andrew JK Tan）

4　新たなる国民国家の創造

「シンガポール国歌を歌っても、国民の誓いを唱えても、まだ我々は一つの国家ではない。一つの国家になりたいと願っている移行状態で、あと一〇〇年はかかる」リー・クアンユー初代首相は二〇一一年にこう述べた。シンガポール文化と言えるものを創造するような余裕はこれまでなかったのであろうし、シンガポール文化が何かという議論も行なわれなかった。

「生き残りのイデオロギー」

①「未来のない都市国家」

「未来のない都市国家」——分離・独立したシンガポールは、香港の経済誌にこのように揶揄され、マレーシアと再統合しなければ国家として生存できないとさえ評された。それは、独立シンガポールをめぐる国際環境の厳しさゆえであった。

まず、独立シンガポールにとって、マレーシアは「仮想敵」となった。イギリス植民地時代は英領マラヤとして行政的に一体であり、家族や親戚が双方に暮らし、経済的にも相互依存関係にありながら、分離に至った連邦政府とPAPの確執は分離直後も続いた。マレーシアとの間で結ばれた「シンガポール独立協定」には、両国は従来どおりの防衛、貿易、商業上の緊密な関係を約束することが明記されたものの、マレーシアとのあらゆる協力は絶望的な状況となった。

一方、マレーシア同様に重要な貿易相手であるインドネシアとの関係は、「対決政策」によって悪化したままであった。インドネシアはシンガポール分離を「イギリス帝国主義の謀略の失敗」として歓迎したが、分離後もイギリス基地が置かれていたために、対決政策を終わらせる様子はなかった。二つの隣国との関係が改善されるのは、一九七〇年代中頃である。

このような近隣諸国との関係悪化に加えて、人口の七五％を華人が占めるシンガポールは、マレー系が多数を占める近隣諸国とは異質で、いわば「マレーの大海に浮かぶ華人国家」であり、この時期は特に中国本土と推定二〇〇〇万人の東南アジア在住華人との関連で「第三の中国」という猜疑の眼でみなされがちであった。特にマレーシアやインドネシアのように、国内に華人とマレー系との深刻な対立を抱える国家の場合には、それがシンガポールとの関係に跳ね返ってくることは避けられなかった。当時の中国は東南アジアの共産主義勢力と党レベルの関係を深め、共産主義勢力に物的・精神的な支援を送っていたのみならず、各国在住の華人を通して、共産主義思想を浸透させようとしていたからである。

このような隣国との摩擦や対立に加えて、一九六六年二月にイギリスは極東駐留イギリス軍一万八〇〇〇人を七二年末までに撤退させると発表した。これまで防衛はすべてイギリスに依存し、歩兵連隊二個一八〇〇人と警察官五〇〇人しか有していないシンガポールは、深刻な防衛上の不安を抱えることになったのである。さらに、イギリス軍の駐留による直接・間接の基地サービスは、六七年で国内総生産（GDP）の二〇％にも達していたから、シンガポール経済は撤退によって深刻な危機に見舞われることが予想された。

②「生き残りのイデオロギー」と開発

このような国際環境と国内情勢の中で、シンガポールが生き残って経済的に繁栄するために、独立時の一五〇万国民にPAP政府は何を求めたのだろう。それは「生き残りのイデオロギー」と呼ばれる価値観あるいは考え方であった。

まず第一に、国家利益を決定するのはPAPであり、シンガポールの生存イコールPAPの生存であるとされた。同党の安定した一党支配こそが、国家の安定と繁栄であるという考え方である。リー・クアンユーは「我々のような面積の小さく資源の乏しい都市国家では、余分なことに費やすエネルギーはない」と述べ、複数政党制は時間的にも人的にもシンガポールには適当でないとした。シンガポール憲法には国民が主権を有するとの明文規定がない。これは、独立時の状況を反映して、国家の生存と発展を最も重要な原理としたためで、国家主導型の政治をめざすPAP政府の意図であった。PAPが政治舞台をどのように独占していったのかについては、「5 政治と行政」で述べたい。

第二に、激烈な国際社会の中で生き残っていくために、国民すべてに愛国心と自己犠牲の精神、強靭さが求められた。リーは一九六六年に「求められているものは、頑健で、強固で、訓練と鍛錬が行き届いた社会を創ることである。そのような社会ができれば、我々はここで一〇〇〇年以上にわたたって生き残っていくことができるであろう」と述べている。この考え方によって徴兵制度や全面防衛（後述）が実現された。

第三に、国民には異なる民族の文化や言語を尊重することが求められた。すべての国民は四つの民族（華人、マレー系、インド系、その他）のいずれかに分類され、人口比にかかわらず、それぞれの文化、生活様式、宗教、言語は尊重されて平等に扱われる。「我々シンガポール国民は、人種や言語、宗教の違いにかかわらず、一つの団結した国民として民主的な社会を築くことを（中略）誓う」という「国民の誓い」は一九六六年に定められ、学校行事や公的式典などで唱和が義務付けられた。これは、特定の民族の価値を優遇してそれを国民統合の価値にはしないということであり、マレーシアの「マレー系優遇政策」とは異なる統合価値があることを示そうとしたとも言えよう。

第四は、限られた人的資源を最大限利用するための、能力主義社会の実現である。社会的上昇の機会は個人としての国民に一律・平等に与えられることを原則とし、いかなるグループであれ優遇措置を受けることはない。憲法上、マレー系は先住民として特別な位置づけがなされているものの、教育費以外の具体的な優遇措置は講じられていない。

このように「生き残りのイデオロギー」はいくつもの相互に関連する価値観や考え方から成り立っていた。

一方で、「生き残りのイデオロギー」はまた、国民の眼を未来に向けさせるためにも必要であった。「シンガポールにはアンコール・ワットもボロブドゥールもない。我々には創造すべき未来があるのみ」とリー初代首相が国民に呼びかけたのは、PAPにとって振り返るべき過去はない、過去を振り返れば、マラヤ連邦との統合を推進し、その成功からわずか二年後に分離した責任が問われるからである。創造すべき未来にのみ国民の眼を向けさせ、経済発展を達成してPAP統治の正統性を理解させること、「生き残りのイデオロギー」はそのためのキャッチフレーズでもあったろう。

このように一つの政党が政治舞台を独占し、経済発展が最も重要な国家目標に位置づけられ、政治や社会や文化さえもその手段となって、すべての制度が構築される体制を「開発主義体制」と呼ぶ。「リー・クアンユーの時代」と言われる一九六五年から一九九〇年のシンガポールは、まさに開発主義体制の典型となった。

言語の管理と「英語国家」への誘導

①二言語政策

シンガポールのような多言語・多民族社会においては、どの言語を公用語や教育言語とするのかはきわめて大きな政治問題となる。一九五九年にPAPが自治領シンガポールの与党になると、マラヤ連邦との統合を目指してマレー語修得をはじめとする「マレー化政策」が進められた。しかし、独立はこのような言語状況を大きく変えた。もはやマレー語は国民の一四％を占めるマレー系の言語であるに過ぎなくなった。

ところが、PAPはマレー語を国語、マレー語の国歌には変更を加えなかったし、華語がマレー語に取って代わって国民統合の言語になることはあり得なかった。マレー系が多数を占める隣国マレーシアやインドネシアの感情に配慮しなければならなかったし、「第三の中国」と見られることも避けなければならなかった。さらに、国内の非華人の感情を悪化させるであろうし、何よりも華語はPAP英語派が抑圧してきた華語派華人の言語であり、華語の地位を上げることは彼らの台頭を招きかねないと考えられたからである。

シンガポール政府（PAP政府）が一九六六年から教育現場で開始した二言語政策は、国民に英語を選択させるための、最良の方法であった。すなわち、すべての生徒は英語を第一言語として学ぶことを義務付けられたが、同時にそれぞれの民族の母語は平等に扱われ、それぞれを第二言語として学ぶという政策である。

当時はまだ小学校は言語別に英語校、華語校、マレー語校、タミル語校の四種類あり、中学校は英語と華語、マレー語の三言語に分かれていた。二言語政策によって、英語小学校では生徒は英語にプラスして三つの言語から一つを選択する、華語校では英語と華語、マレー語校では英語とマレー語、タミル語校では英語とタミル語を学ぶことが義務付けられたのである。六九年からは第二言語も中等教育修了試験の必修科目となった。

しかしながら、英語と第二言語には大きな差があった。英語には高い位置づけがなされる一方、第二言語は「各民族の伝統や文化を継承するために学ぶこと」がその目的であり、第二言語で学べるのは道徳や文学、歴史の一部でしかなく、第二言語の世界は矮小化された。このような状況では、ほとんどの生徒は第一言語の英語を習得することに多大なエネルギーを費やすようになり、第二言語を学ぶ意欲や熱意は薄れ、やがて第二言語は「試験が終わったら忘れてしまう言語」となった。

　英語を習得するには英語校へ行くのが最善の方法である。一九六八年から本格化した外資導入政策によって英語の経済的価値が高まるにつれて、子どもを英語小学校に入学させる親が激増した。**表4-1**は言語別小学校の生徒数の推移を表している。英語小学校の生徒数が急増していることがわかるだろう。政府は非英語校の生徒数の減少を理由に、一九八七年からすべての小学校を英語校に、その後、中学校も英語校のみにしてしまった。

　政府の意図の通り、英語を読み書きできる国民は瞬く間に増加した。英語を理解する国民は一九八〇年には五六%、二〇一〇年には七九・九%にのぼる。シンガポールは急速に「英語国家」になったと言ってよい。

　リーは、二言語政策を実施した当時を振り返って、「もしも独立した時、英語は労働とビジネスの言語だから学びなさい。さらには母語も学びましょうと言えば、暴動が起こっただろう。二言語政策によって、やがて生徒は英語を選択し、英語が実質的な公用語になることはわかっていたし、実際そうなった。両親は、人生に有益な知識を与えてくれる英語を子どもたちが学ぶことを望むからである」と述べている。

表4-1　言語別小学校の生徒数の推移(上段は実数)

年	華語校	英語校	マレー語校	タミル語校	全体
1958	129,155 45.0%	142,450 49.6%	14,213 4.9%	1,399 0.5%	287,217 100%
1968	174,072 33.3%	310,635 59.4%	36,086 6.9%	1,818 0.3%	522,611 100%
1978	110,170 22.9%	365,405 76.1%	4,306 0.9%	328 0.1%	480,209 100%
1983	34,708 7.4%	435,909 92.5%	417 0.1%	38 0.0%	471,072 100%
1988	—	459,813 100%	—	—	459,813 100%

出典：*Singapore Year of Statistics* 各年版より算出。

　このような英語の普及は、植民地支配下の言語別教育がもたらした「言語による国民の分断」に終止符を打つことを意味し、多様な民族のコミュニケーションを容易にした。民族の融和に寄与したのである。だが、一九五〇年代後半から六五年のマレーシアからの分離・独立までは、マレー語を共通語とするナショナル・アイデンティティ（国民意識）創造を模索したのに対して、英語重視政策は、外資導入を柱とする経済政策を有利に進めるという実用的な目的と、華語派華人の華語への執着を抑えるという政治的な理由であった。英語は国民統合のための言語とも強調されていたものの、けっして英語によるナショナル・アイデンティティ形成を意図していたわけではない。ナショナル・アイデンティティや国民文化をどのように創造するのかという議論は、経済発展の成功によって「生き残りのイデオロギー」が色褪せ、国民の意識が大きく変容する二〇〇〇年代まで待たねばならない。

②「華」の抑圧——南洋大学の興亡

英語国家への誘導は、国民すべてが納得して行なわれたわけではない。華人社会で多数を占める華語派華人の華語や中国文化への執着を抑えて、彼らを非政治化し、中国的なもの（華）を抑圧するためには、強制的な力も用いられた。華語大学として中国（台湾と香港も含む）の地以外で初めてシンガポールに設立された南洋大学の二五年は、「華」の抑圧の歴史を物語っている。

イギリス植民地時代の大学は、一九〇五年に創設された英語大学のシンガポール大学だけであり、大学教育を受けたい華語校卒業生は、中国の大学に進学していた。だが、一九四九年に中華人民共和国が誕生して中国との往来が禁止されると、華語校卒業生の進学の道が途絶え、華語校の教師も中国から招請できなくなった。このような事態に危機感を抱いた華人社会の有力者から自らの手で華語大学を創設しようという運動が起こった。

この運動に多くの華人が賛同して募金に応じ、文学部と商学部、理学部の三学部を持つ南洋大学が西部ジュロンに一九五六年に開校、シンガポールのみならず、東南アジア各国から大勢の華人学生が集まった（写真41）。

写真41　図書館前で行なわれた開学式典。

写真42　今は住宅地に囲まれて立つ南洋大学旧正門、25年間に卒業した1万2500人は皆この門をくぐった。

しかし、イギリスは華語大学の学生に共産主義思想が浸透することを恐れて設立に反対、開学後も大学として承認しなかった。大学として承認されなければ、南洋大学はただの専門学校と同じである。また政府から補助金も受けられない。承認問題は新入生が進級するにつれて、深刻な問題となった。

さらに、英語派と華語派華人の政争が始まると、大学も巻き込まれていった。一九六三年九月の選挙において、PAPから分離した華語派華人によって結成された「社会主義戦線」の候補者に南洋大学卒業生一〇人が名を連ねた。卒業生たちは華語大学としての南洋大学の存続と発展のために立候補したのだが、PAPは彼らを「共産主義者」、大学は「共産主義者の拠点」と断言し、選挙後にマレーシア連邦警察の協力の下で卒業生および支持者の学生を逮捕、大学理事長タン・ラークサイの市民権を剥奪した。一九六四年にも学生の大量逮捕が行なわれ、大学は徹底的な弾圧と政治介入を受けた。

南洋大学は一九六八年にようやく大学として承認されたものの、英語国家への誘導を行ないたいPAP政府の大学介入は続き、授業の半分が英語で行なわれることになった。

卒業生の就職事情も大学に不利に作用した。外資導入が本格化すると、シンガポールに進出した欧米企業は英語大学であるシンガポール大学卒業生を採用し、南洋大学卒業生の就職難と、就職しても待遇が悪いことが明らかとなり、大学の社会的信用は下がっていったのである。

一九七五年には中国語学科以外のすべての学部・学科の授業も試験も英語で行なわれることになり、一九八〇年南洋大学はシンガポール大学に強引に統合され、シンガポール国立大学となった。大学跡地には南洋大学とは無関係の南洋理工大学が設立され、南洋大学の建物は図書館（新図書館が建設されてからは行政棟として使われた）しか残っていない。大きなアーチ形の正門は残されたが、理工大学のキャンパスが縮小して正門を含む土地は売却されてしまった。正門はかろうじて現在でも住宅地の中に残っているが、何の説明も付けられていない（写真42）。独立から一九七〇年代後半までは、このように政府は「華」を抑圧した。しかし、中国の改革開放政策の進展に伴って対中経済交流が本格化する八〇年代以降、政府は一転して華人の華語習得を推進するようになっている。

能力主義社会とエリートの養成

「生き残りのイデオロギー」で国民に伝えられた能力主義社会は、子どもの頃からの厳しい受験戦争を意味した。一九七九年から開始されたエリート主義的な教育制度では、図4-1に見るように、すべての小学校六年（一一歳）が受験する初等教育（小学校）修了試験で、生徒は成績によって中学校の❶エクスプレス・コース（振り分けは約六〇％）、❷ノーマル／アカデミック・コース、❸ノーマル／テクニカル・コース（振り分けは❷と❸合わせて約四〇％）の三つに分けられる。合格水準に達しない場合は、小学校卒業が延期され、留年する。

この試験の最も重要な科目は英語、第二言語（母語）、数学、理科の四科目である。ほとんどすべての子どもたちはこの試験に合格するために、低学年から宿題や塾通いに忙しい。小学校前教育はあたり前で、幼稚園や保育所では英語や第二言語を教え、算数や理科も学ぶ。子どもの塾の送り迎えや勉強をみるために、仕事を辞める母親も珍しくない。修了試験の成績最優秀者は家族ととも

図4-1　シンガポールの教育制度

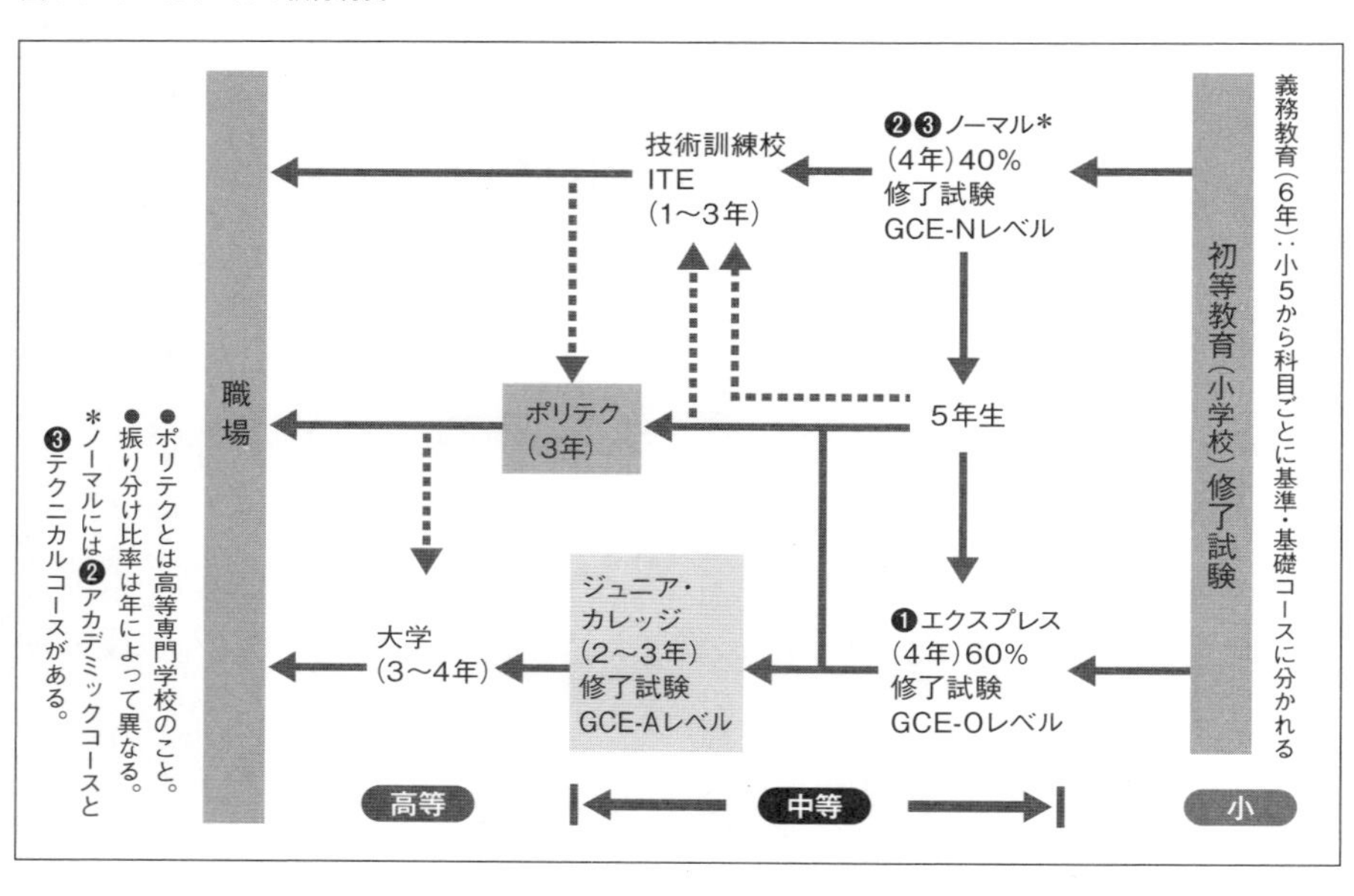

に新聞に大きく取り上げられ、どんな風に勉強したのかなど詳細な紹介記事が掲載されていたが、二〇一三年から受験競争をあおるという理由で掲載されなくなった。

中学校卒業時に、❶のコースの生徒はＧＣＥ‐Ｏレベルと呼ばれる修了試験を受け、合格するとジュニアカレッジ（日本の高校にあたる）に進んで、卒業時にはＧＣＥ‐Ａレベルという試験に合格すると大学に進める（ＧＣＥ＝General Certificate of Education）。選抜教育制度の頂点に立つ大学卒業生の割合は、大学が一つしかなかった一九九〇年には四・七％、大学が六校となった二〇一二年でも二五％であったが、政府は二〇二〇年には大学進学率を四〇％へと増大させる方針である。大学卒業生は官僚や外資系企業、政府系企業に就職し、将来は国家の発展を担うエリートになることが期待されている。

なお、ＧＣＥ‐Ａレベルに上位で合格した者には各種の国家奨学金が授与され、名門シンガポール国立大学や海外の一流大学で学ぶことができるが、卒業後は六年から八年間は政府官僚として勤務することが義務づけられている。各種の国家奨学金の中で最も栄誉ある奨学金が大統領奨学金で、毎年の受給者は大きく紙面で紹介され

写真43　2008年に開校したシンガポール芸術学院。

る。選抜主義的な教育制度に勝ち抜いた少数のエリートは、このように官僚として国家に取り込まれていく。

一方、❷と❸はGCE・Nレベルという修了試験を受け、その上位合格者はもう一年勉強してからOレベルを目指す。Nレベル下位合格者は国立の技術訓練校（ITE＝Institute of Technical Education）に行って実践的な職業訓練を受けて就職する。技術訓練校では最新技術を教えて卒業生を社会に送り込む。Nレベルに合格できなければ、高校進学の道は途絶える。ただ、下位コースに入っても成績によっては上位コースに移れるし、上位コースでの成績が悪ければ下位のコースに移る（図の点線）。

このように一二歳という早い段階から選抜することで、国家の発展に貢献するエリートを「合理的に無駄なく」養成することができると考えられている。下位コースに入っても「それなりの」能力で国家の発展に貢献することが求められる。国民は幼い頃から能力主義社会に身を置き、この国で社会の階段を上るには、選抜試験で優秀な成績を修めなければならないことを悟る。近年は子どもの才能を多角的に伸ばしていくために芸術学院や体育学校も設立されているものの、その学位は低く見られている（写真43）。

宗教の管理

二言語政策によって、国民のそれぞれの母語は平等に扱われることになったが、宗教も同様であった。表4-2はシンガポール人の宗教比率の割合を表している。

主要な宗教の祝日である華人の旧正月、イスラム教徒の断食明け祭り（ハリラヤ・プアサ）、ヒンドゥー教徒の正月である光の祭典（ディーパバリ）、キリスト教徒のクリスマスは休みとなる。その他に、新暦の正月、仏教徒の祝日（ベサック・ディ）、イスラム教徒の犠牲祭（ハリラヤ・ハジ）も休みで、この国の祝祭日で宗教に関係ないのは五月一日の労働祭と八月九日の独立記念日だけである。

象徴的な立場の大統領も、初代はマレー系、第二代はユーラシア系、第三代はインド系、第四代と五代は華人、第六代はインド系、二〇一一年からの第七代は華人と、主要な民族がそれぞれ就任している。

さらに一九九〇年には宗教調和法という法が制定され、聖職者が異なる宗教間の緊張を高めるような行動や、宗教団体の名において社会、政治的事柄にコミットすることを禁止した。これは一九八〇年代になって宗教団体、特にキリスト教団体が学校や病院などで熱心な布教活動や政治的社会的な活動を行なうようになり、それに対して他の宗教団体が反発して異なる宗教団体間のトラブルに発展する危険性があったためである。この法によって、宗教団体の公的もしくは社会的活動は終止符を打たれることになった。

ただ、このような政策は、それぞれの民族が自らの宗教や文化を声高に主張することで社会が分裂することを回避するためであり、国民統合のための積極的な政策というよりも、社会の安定のための現状維持の策であった。

表4-2 シンガポール人（15歳以上、市民と永住者）の宗教比率の割合（単位％）

宗教	1980年	1990年	2000年	2010年
仏教	27.0	31.2	42.5	33.3
道教	30.0	22.4	8.5	10.9
キリスト教	10.1	12.7	14.6	18.3
イスラム教	15.7	15.3	14.9	14.7
ヒンドゥー教	3.6	3.7	4.0	5.1
その他の宗教	0.6	0.6	0.6	0.7
無宗教	13.0	14.1	14.8	17.0
全体	100	100	100	100

出典：*Census of Population* 各年版。

写真44　1960年代にバラックから公団に引っ越す人々。

公団住宅

国民に「自分の家」を持たせることは、国民にシンガポール人としての自覚を持たせるとともに、ＰＡＰの安定支配にとっても重要である。独立当時多くの国民はバラックのような劣悪な住宅に住んでいたため、安価で良質な住宅の整備が急がれた。

公団住宅建設をスムーズにしたのは、一九六六年の土地収用法である。この法によって政府は公共公益目的の事業に必要な土地取得が可能になり、立ち退きに伴う補償金も政府が定めることができるようになった。国有地は一九六八年の二六・一％から二〇〇七年には八五％以上と瞬く間に増加し、公団をはじめ道路や工業団地、公共施設などのインフラが整備されていった。ただ、たとえバラックとはいっても住み慣れた家と場所から強制的に公団住宅へ移されるのをいやがる者もいて、六〇年代後半までは住民と警察の衝突も相次いだが、住民には他の選択肢はなく、決定に従うしかなかった（写真44）。

現在は国民の八〇％が公団住宅に住んでおり、公団住宅は都市国家中に広がっている。さらにその九〇％が持ち家（九九年リースで購入する）である。この高い持ち家率は、「中央積立基金」の資金を住宅購入資金に利用できるという政策を一九六八年に政府が導入したことによる。中央積立基金とは国家管理の強制積み立て・貯蓄制度で、雇用者と労働者がそれぞれ毎月一定額を給与から強制的に積み立て、退職後の年金として支払うという制度である。たとえば、労働者の給与が月額一〇〇〇シンガポールドル、拠出割合が一〇％とすると、雇用者と労働者はそれぞれ一〇〇ドルを拠出し、中央積立基金の労働者の口座には毎月二〇〇シンガポールドルが積み立てられ、労働者の手取りは九〇〇シンガポールドル、雇用者の支払いは一一〇〇シンガポールドルとなる。中央積立基金には毎年膨大なお金が流れ込んで政府の開発資金となった。

本来なら退職後の年金であった積立金を住宅購入に使えるようになったため、国民の購買意欲はかきたてられた。住宅購入は、狭くて娯楽の少ない国に住むシンガポール人の夢となり、持ち家率は独立時（一九六五年）の五・五％から瞬時に増加した。

さらに公団住宅には、植民地時代の民族別居住区を崩壊させて、異なる民族の交流を図るというもう一つの目的があった。そのために、一つの民族が集中して居住しないよう、人口比率に応じた居住比率が設定されている。**表4-3**は、公団の民族別居住上限比率を表している。近隣住区には店舗や市場、フードコート、学校、公園などが併設され、多様な住民どうしが隣人として接触することで、国民としての一体感が生まれることが期待されている。

表4-3　公団住宅の民族別居住上限比率

民族	ブロック（%）*	近隣住区（%）**
華人	87	84
マレー系	25	22
インド系・その他	13	10

*　ブロック：平均120世帯が集まる街区で、これが公団住宅の基本単位。
**近隣住区：街区が4～8集まって数百世帯の単位区を形成、単位区が数個で近隣住区となる。

国軍と徴兵制

独立時のシンガポールの防衛はすべてイギリスに依存していたため、イギリス軍の撤退が発表されると、自前の軍隊の強化は急務となった。一九六五年一一月に国防省が創設され、国防には大きな予算が割り当てられた。イギリス軍が撤退を開始した六九年には全歳出の二八％、その後も毎年二〇～二五％を占めている。これによって陸軍、海軍、空軍の装備は年々拡大され、マレーシアに対抗できるものができあがった。

なお、政府は「国を守るために少年のみならず少女をも訓練しなければならないわが国の状況は、イスラエルそのものである」として、国軍の軍事顧問をイスラエルから招聘した。アラブ国家に囲まれたイスラエルの状況と、イスラム教徒であるマレー系が多数を占めるインドネシアとマレーシアに挟まれたシンガポールの状況が類似していると考え、どのように安全保障を構築するかのアドバイスを求めたのである。この時期の近隣諸国との冷え切った関係の反映であった。

また、スイスの国民総武装に倣い、一九六七年には一八歳以上の男性を対象に「国民兵役法」が成立した。兵役は二・五年で、軍事、消防、警察、建設などの任務にあたる。その後は予備役として年間最長四〇日間の訓練を受け、これが四〇歳になるまで（士官は五〇歳まで）続く。つまり、「働き盛り」の男性が年に最長で四〇日間も職場を離れるわけで、経済的にはきわめて非効率的だが、防衛は経済効率よりも優先されている。なお、予備役として非常時に備えるためには肥満は禁物で、毎年行なわれる体力測定に合格することが義務づけられている。

兵役期間は様々な訓練とともに、愛国心や国家意識を培う教育がみっちりと行なわれる。また、兵役期間は給与（軍隊でのランクによって金額は異なる）が支払われ、各種の手当も付く。しかし、国民の間には兵役の負担の軽減を求める声がたびたび挙がり、兵役の期間は二〇〇四年には二・五年から二年に短縮、予備役として召集される期間も一三年に短縮された。

二〇一五年度の国防予算は全歳出の一九・二％にあたる一三一億シンガポールドルと、ＡＳＥＡＮ（東南アジア諸国連合。東南アジア諸国一〇ヵ国から成る地域協力機構）諸国の中ではずば抜けて多く、GDPに占める国防費の割合は世界で五番目に高い。常備軍事力は、陸軍五万人、海軍五〇〇〇人、空軍約一万三五〇〇人となっており、ASEAN加盟国内で最も近代化が進んでいる。非常時には予備役約三〇万人の動員が可能である。

陸海空三軍の中でも空軍の装備はASEAN最強で、F16戦闘機を含む最新の戦闘攻撃機を一〇〇機以上、武装ヘリコプター二〇機の他、輸送機や偵察機、空中給油機など最新鋭の武装を誇り、各種センサーを搭載したイスラエル製無人飛行機も運用している。訓練は国内で行なわれるが、国土が狭いために台湾やオーストラリア、ニュージーランドでも行なわれている（写真45）。

アメリカ軍はシンガポール空軍基地と海軍基地の利用権を持っている。一方、台湾は国内の軍事施設を常時シンガポール軍に貸している。

一九六〇年代から七〇年代までの国際環境が厳しかった時期はまだしも、近隣諸国との友好的な関係が構築されて差し迫った脅威がなくなっても国防費に多額の予算を費やしている理由を、「小さな島国であるシンガポールは、仮に攻撃を受けた場合に逃げる場所がなく、経済面でも国際貿易に大きく依存しているため、地上、海上、陸上の貿易や通信手段を維持しておくために、強い国軍が必要」と政府は説明している。

国防は国軍を中核とするものの、国民もまた防衛の最前線に立つことが期待されている。国民に防衛の重要性を理解させ（心理的防衛）、公共に奉仕する道義心を高め（社会的防衛）、有事の際にも経済活動が維持できる態勢を整え（経済的防衛）、防災訓練を実施すると同時に飲料水や食糧確保の態勢を万全にし（民事防衛）、その上で国軍を保持するというのがこの国の防衛全体のコンセプトで、「全面防衛」と称されている。つまり、全国民を常に精神的に武装させ、敵の侵入に対しては一丸となって立ち向かうというものである。

独立時には全国の至る所に「自警団」があって各担当者が地域をパトロールしていたが、一九八〇年代に入ると住宅地域、商業ビジネス地域にはそれぞれ犯罪防止や監視委員会を設置して、警察が地域住民とともに安全維持に取り組んでいる。民間施設の多くは防衛を念頭に置いて設計されており、最近建設された公団住宅には防空壕が備えつけられている。MRT（大量高速鉄道）の一部

写真45　独立記念日に行なわれる国軍パレード。

の駅も防空壕の機能を持っている。毎年二月一五日（一九四二年のこの日に日本軍がシンガポールを陥落させた）は「全面防衛の日」として、大がかりな避難・防災訓練が全国レベルで行なわれている。

なお、軍は将来の政府の中核を担うエリート養成コースとしての重要な役割を担いつつある。国軍が優秀な士官候補生に海外の一流大学への奨学金を与える「国軍海外奨学金」は大統領奨学金と並んで最も名誉ある奨学金で、過去の受給者にはリー・シェンロン現首相、テオ・チーヒン現副首相などの閣僚の名前が並ぶ。二〇一一年総選挙で政界入りし、閣僚となった首相候補と目される四人のうち、二人が海外奨学金をもらって海外一流大学を出て、軍のトップまで上り詰めた後に政界入りした。また、二〇一六年三月現在の閣僚二〇人中七人が元軍人である。軍は将来の政治指導者を輩出する機関としても重要性が増している。

創られなかったシンガポール文化

国民としての一体感やアイデンティティを創るためには、共通の言語や価値観、歴史、それらを基盤とする国民文化を持つことはきわめて重要な要素となる。しかし、シンガポールはいまだにそれらを有しているとは言えず、それどころか「文化の砂漠」とさえ言われてきた。

既に述べたように、一九六六年から多様な国民の共通言語としての英語の重要性が強調され、今やこの国は英語国家になったものの、けっして英語によるナショナル・アイデンティティ形成が意図されていたわけではなかった。異なる民族間の対立や紛争を回避するために、民族それぞれの母語や宗教、文化の尊重が説かれたが、それは社会を安定させるための政策であった。

さらに歴史は学校教育でずっと軽視されてきたから、共通の歴史を国民が共有できるようになったのは、近年のことである。シンガポールでは一九七五年に小学校の歴史教育が廃止され、代わりに歴史と地理、道徳を統合した「生活科」が導入された。しかし「生活科」にわずかに残った日本占領期に関する記述も八四年に姿を消した。小学校で歴史教育が復活するのは、九九年になってからである。一方、中学校では八四年まで全く歴史は教えられず、八四年からようやくシンガポール史がカリキュラムに登場した。このように軽視されてきたのは、「歴史を学んでも実利的価値はなく、学校では（英語、数学、科学といった）実利的価値の高い科目に時間を割くために、歴史と地理はカリキュラムから削られた」（政府の説明）からである。

一九八四年になってようやく中学校でシンガポール史が教えられるようになったのは、第一に独立時の苦難を知らない若い世代に欧米の価値観が浸透し、個人の自由を認めない政府を批判し始めたこと、第二にシンガポールが急速に経済発展し、シンガポールの歴史を「第三世界（発展途上国）から第一世界（先進国）へ」という成功物語として語ることで、国民の誇りを高めることができるようになったからである。

歴史教育の復活とともに、シンガポール政府は文化政策にようやく本腰を入れ始めた。一九九一年に芸術評議会が創設され、文化芸術のインフラが整い始めた。ただ、

写真46　本格的な公共劇場エスプラネード・シアター・オン・ザ・ベイ。

ビエンナーレ・アートステージやF1レースなどの巨大イベントの開催、初めての本格的な公共劇場であるエスプラネードの建設（写真46）、世界最大級のドーム型競技施設を中心とする新国立競技場の建設など、娯楽施設充実による経済政策としての文化政策が主である。エスプラネードでは毎日のようにクラシックやジャズのコンサート、バレエや演劇を楽しめるものの、シンガポール独自の芸術や文化と言えるものはどれほど上演されているのか、疑問視する声も多い。

「シンガポール国歌を歌っても、国民の誓いを唱えても、まだ我々は一つの国家ではない。一つの国家になりたいと願っている移行状態で、あと一〇〇年はかかる」――リー・クアンユー初代首相は二〇一一年にこう述べた。シンガポール文化と言えるものを創造するような余裕はこれまでなかったのであろうし、シンガポール文化が何かという議論も行なわれなかった。

近年シンガポール芸術学院やラサール芸術学院が開校してシンガポール文化の創造を担う人材育成が始まったものの、シンガポール文化と言えるものを創造するのはまだまだ先のようである。

5 政治と行政

二〇一一年総選挙は、より開かれた民主的な政治を有権者が求めるようになったこと、それを実現するために、多くの高い学歴を持つ専門職や元官僚（これまでなら与党に入党したような人々）が積極的に野党に加わった選挙だった。その意味で、この選挙は「シンガポール政治史の転換点」と言えよう。

PAP（人民行動党）一党支配体制の構築

①「政府がPAP、PAPが政府」

まず、シンガポールの政治制度を見ておこう。小さな国家であるため国会は一院制、議員内閣制度が採用され、首相が最高責任者である。国会議員定数は独立時五八であったが、その後は徐々に増えていった。選挙制度は当初は小選挙区制だったが、後にグループ選挙区との併用制となった。グループ選挙区については後述する。象徴大統領制度（任期六年）も内政自治権を獲得した一九五九年から導入され、当初は国会で選出されたが、一九九三年からは国民による直接投票で選出されている。ただ、誰でも立候補できるわけではなく、政府の重要ポストに一定期間務めることなどの経歴が必要とされるため、政府に批判的な人物の立候補は難しい。

政党は団体法という法律によって登録が義務付けられている。登録されている政党は二〇ほどあるが、多くは登録しているだけの政党で、総選挙に実際に参加するのは五つか六つの政党だけである。

選挙権は二一歳以上の国民に与えられている。投票は義務制で、病気などの正当な理由なく棄権すると選挙権を失い、選挙権を回復するには小額ではあるが一定の金額を支払わねばならない。そのために投票率は毎回九〇％を超えている。投票は秘密投票であるが、投票用紙の通し番号によって国民の投票行動はチェック可能である。このやり方を政府は「責任ある投票行動を促すため」と説明し、これまでチェックしたことはないと言明している。

一九五四年に結成されたPAP（人民行動党）は、表5-1に示すように、独立後から今日に至るまで国会で圧倒的な議席数を誇っている。特に独立後の一九六八年総選挙から八一年の補欠選挙までの一三年間は国会の全議席が同党国会議員で占められていた。

リー・クアンユー初代首相は、シンガポールが奇跡的な経済成長を遂げつつあった一九八二年に「PAPが政府であり、政府はPAPである。私はこのことに何の弁解もしない」と語り、シンガポールの安定と繁栄がPAPの一党支配ゆえに実現されたことを誇った。リー初代首相は一九九〇年に首相を辞任、ゴー・チョクトンが第二代首相に就任したが、リーは二〇一一年まで内閣に留まり、絶大な影響力を行使した。

ゴー第二代首相は二〇〇四年に首相の座をリー・シェンロン（リー・クアンユーの長男）に譲り、上級相となった。二〇〇四年から現在までの首相は、リー・シェンロンである。

二〇一四年でＰＡＰの党員は約一万五〇〇〇人、そのうち幹部党員は二〇〇〇人、他は一般党員である。党員名は公表されていない。既に述べたように、幹部党員になれるのは、党の最高意思決定機関である中央執行委員会（現在は二〇一四年一二月の党大会において選挙で選ばれた一四人と、二〇一五年一月に推挙された四人の一八人で、氏名は公表されている）の三分の二の賛成を得た者のみで、かつ中央執行委員会を選出する党大会に出席できるのは幹部党員だけである。このやり方のメリットを、同党は「内部で派閥が形成される可能性が少なく、党の意思決定がスムーズに行なわれるため」と述べている。

表5-1　シンガポール総選挙の結果（1968 〜 2015年）

総選挙実施年	国会定数	PAP当選者数	野党当選者数	PAP得票率(%)
1968	58	58	0	84.4
1972	65	65	0	69.0
1976	69	69	0	72.4
1980	75	75	0	75.6
1984	79	77	2	62.9
1988	81	80	1	61.8
1991	81	77	4	61.0
1997	83	81	2	65.0
2001	84	82	2	75.3
2006	84	82	2	66.6
2011	87	81	6	60.1
2015	89	83	6	69.9

出典：*Singapore: The Year in Review,* the Institute of Policy Studies 各年版、および *The Straits Times,* September 12, 2015.

②批判勢力の封じ込め
独立した直後のＰＡＰにとって幸運だったのは、同党から分裂して結成された野党社会主義戦線が、マレーシア連邦州時代（一九六三〜六五年）に連邦中央政府とシンガポール州政府（ＰＡＰ）の弾圧によって、もはやＰＡＰに対抗する力を失っていたことである。さらに社会主義戦線は、マレーシアからの分離直後に国会審議をボイコットして、デモや個別訪問、ビラ配りなどの街頭活動を行なうという方針を採択、議員全員が辞職してしまった。辞職後の補欠選挙でＰＡＰはすべて勝利し、国会の全議

席を獲得したのである。

そのため、ＰＡＰにとっての批判勢力は労働組合運動や学生運動、マスメディアとなった。

まず、労働組合運動の封じ込めは一九六〇年代から始まり、野党社会主義戦線への弾圧とともに、社会主義戦線を支持する労働組合は強制的に解散させられた。その後、政府主導の全国労働組合評議会を組織して、解散していない労働組合を加盟させた。独立直後の一九六六年には労働組合法を改正、組合員と組合への加入条件を詳細に規定して、好ましくない人物や組合の登録取り消しを容易にした。さらに、組合員の多数による秘密投票で承認されなければストライキや他の抗議活動はすべて違法となり、公共事業部門でのストは禁止となった。これによって、実質的にストライキなどの組合活動は不可能となった。

学生運動に対しては、マレーシア連邦州時代の一九六四年に連邦中央政府が決定した「適性証明書」が独立後も利用された。適性証明書とは、「連邦の利益や安全を損なう行動を煽ったり、参加したことのある学生」の入学を拒否するためのもので、大学の入学希望者は政府が発行する適性証明書を大学に提出しなければならない。これによって、政府は「危険分子」と見なした学生を大学から排除し、大学キャンパスは非政治化されていった。適性証明書が廃止されたのは八〇年代である。

一方、ＰＡＰのマスメディアに対する考え方は「シンガポールにおけるメディアの役割とは、シンガポールの利益、そして民衆に選ばれた政府の目的のために奉仕することである」（リー・クアンユー、一九七二年）に集約されている。一九七〇年代初頭から政府批判を行なったいくつかの新聞が廃刊や統合に追い込まれ、同時に法律も改正されて、政府が新聞社の人事に介入できるようになった。この頃から報道機関自体が政府批判を控えるようになっていたが、一九八四年政府は大胆な新聞統廃合に着手、巨大な新聞・出版企業シンガポール・プレス・ホールディングス社を設立して、シンガポールで発行される主要な言語別新聞すべてを発行するようになった（写真47）。再編によって一つの会社が主要新聞をすべて発行するため、政治的出来事についての多様な、かつ競争的な報道はほとんど行なわれなくなった。

外国紙・誌も例外ではなく、一九八六年の新聞報道

写真47　シンガポール・プレス・ホールディングス社。

（改正）法によって、政府は「内政に干渉した」外国の出版物の持ち込みや販売の禁止、販売部数の制限を行なえるようになった。この法の適用を最初に受けたのはアメリカの週刊誌『タイム』で、一万八〇〇〇部あった販売部数を九〇〇〇に、さらにその後二〇〇〇部に減らされた。香港に拠点を置く『エイシアン・ウォール・ストリート・ジャーナル』紙や『ファー・イースタン・エコノミック・レビュー』誌、イギリスの『エコノミスト』誌もまた規制の対象となった。

一九八一年の補欠選挙で野党労働者党書記長ジェヤラトナム（一三二ページ参照）が当選し、PAP一党支配が崩れると、彼に対する封じ込めも始まった（写真48）。PAPの一党支配こそが国家に安定と繁栄をもたらすのだから、野党は不要なのである。八三年に過去の会計報告に虚偽の記載があったとしてジェヤラトナムはPAPに告訴されたが、一審で裁判官は告訴された案件五件のうち四件を無罪とした。ただ、二審では有罪となって彼は罰金刑を受け、一審で無罪判決を出した裁判官は更迭された。ジェヤラトナムが更迭は司法に対する行政の介入であると国会で非難すると、PAPは彼の発言には証拠

写真48　1981年補欠選挙で勝利したジェヤラトナム（中央の人物）。

がないと反論、ただちに国会法を改正して、国会議員の不適切な発言を処罰することができるようにした。そして法を遡及して適用し、彼の発言に対して巨額な罰金を科した。結局ジェヤラトナムは議員資格を剝奪されて九七年総選挙まで立候補する資格を奪われた。

一九八四年総選挙で議席を獲得したもう一つの野党である民主党に対しても、九六年に国会に提出したレポートに虚偽の記載があったとして、巨額な罰金刑が書記長に科された。

政府を厳しく追及する野党政治家の発言や些細なミスを取り上げて訴訟を起こし、有罪にして合法的に国会から排除するというPAPのやり方は、PAPに異議申し立てを行なおうとする多くの国民の意欲を萎えさせたはずである。

③与党有利の選挙制度

与党有利の選挙制度がPAPの一党支配に寄与していることも、忘れてはならない。一九八四年総選挙でPAP支持率が大きく低下すると、選挙制度の改革がいくつか行なわれた。

その一つが一九八八年から開始された「グループ選挙区制度」で、数人が一つのチームを作って立候補し、有権者は個人ではなくそのチームに投票する。一つのチームの中には必ずマイノリティのマレー系やインド系などの非華人を入れなければならない。これによって圧倒的に華人に偏っていた国会議員の民族比率をより人口比に近づけることができるとされた。

ただ、グループ選挙区が作られてもマイノリティの非華人はそれほど増加していない。それよりも注目すべきは、グループ選挙区を作るための選挙区再編がPAP一党支配に大きく貢献していることであろう。再編によって、野党有利の選挙区が統合もしくは分割されているからである。労働者党書記長ジェヤラトナムの選挙区は統合されて消滅した。また、一九八八年、九一年総選挙で野党支持率の高かったグループ選挙区は、九七年総選挙直前の新たなグループ選挙区増加によって分割され、それぞれ別のグループ選挙区に吸収された。PAP支持率が一九八〇年代後半以降六〇％強であっても議席のほとんどを獲得できるのはこのような有利な制度ゆえである。

さらに、グループ選挙区はただでさえ人材の乏しい野党に複数の候補者を揃えさせるという大変な労苦を強いる。グループ選挙区が導入された一九八八年には三人チーム区が一三設けられたが、総選挙のたびに増加して、二〇〇六年総選挙では五人チーム区九つ、六人チーム区五つ（国会全八四議席中グループ選挙区だけで七五議席）となった。また、PAPはグループ選挙区の各チームには現職の大臣を必ず一人入れ、大臣が選挙キャンペーンの中心的な役割を担うという戦術を取る。こうすれば、かなりの有権者は新聞やテレビによく出てくる大臣のチームに投票すると予想されるからである。選挙キャンペーン期間以外ではほとんどその活動がメディアから無視される野党にとっては、グループ選挙区はますます議席獲得の可能性を小さくさせるものである。だから、二〇一一年総選挙で野党が五人チーム区で勝利したのは、画期的な出来事であった。二〇一一年と二〇一五年総選挙については後述する。

もう一つの改革は、政府自ら野党議員を選出するという「非選挙区選出議員制度」で、一九八四年に設けられた。これは落選した野党候補者のうち高い得票を得た数人（二〇一〇年からは当選した野党議員と合わせて九人となった）

を国会議員として指名するという制度で、野党議員を一定数認めるのだからあえて野党に投票する必要がないことを国民に理解させるためである。

さらに、一九九〇年の「任命議員制度」も野党候補者への支持を抑えるために設けられた。これは国会に優秀な人材を社会各層から広く確保するために、国会が六人を超えない程度で議員を直接指名する制度である。もっとも、非選挙区選出議員も任命議員も憲法改正や予算法案に対する投票権はない。

④治安維持法

治安維持法とは、容疑者を逮捕令状なく無期限に拘束する権利を治安当局（内務省）に与える法で、イギリス植民地政府が一九一九年に特別警察に与えた特権を起源としている。既に述べたように、シンガポールがまだイギリス植民地だった一九五〇年代に野党政治家だったリー・クアンユーはこの法律を「民主国家にそぐわない法」として廃止を求めていたが、首相となった後には廃止しないことを明言した。

独立直後から一九七〇年代初頭は、「共産主義者取り締まり」のために治安維持法はたびたび発令された。たとえば一九六六年に野党社会主義戦線が北ベトナム支援の展示を行なった際に、治安維持法によって同党党員やその支持者が拘束された。なお、逮捕・拘束された容疑者は、その容疑を認めて二度と関与しないという誓約書に署名すると釈放され、重要人物の場合はその誓約書は紙上で公開される。ただ、六六年に逮捕された社会主義戦線党員の一人は容疑を認めなかったために、その後二四年間にもわたって裁判なしで拘束され、シンガポール政府の人権抑圧の象徴となった。一九七一年には政府批判を行なった華字紙の編集長らが逮捕され、何人かは国外追放になった。

東南アジアが冷戦の最前線であった時代、国内の危険分子を共産主義者として取り締まるという危機管理のあり方に大きな国際的批判は起こらなかった。一九八〇年代になって、野党をはじめ批判勢力の勢いが衰えると、治安維持法は発令されなくなったが、一九八七年五月から六月にかけて、今度は市民社会運動家に対してこの法は発令された。逮捕されたのは、外国人労働者の人権救済活動を行なっていたカトリック教会関係者や弁護士という英語教育を受けた知識人で、政府はこの活動が政府批判に転じることを恐れて予防措置として逮捕に踏み切ったのである。逮捕された二二人は「首謀者」を除いて年末までに釈放されたが、罪の告白を強要する拷問が行なわれていたことを示す国際人権団体の証拠書の申し立てが出され、海外の様々な人権団体がシンガポール政府を非難する声明を出して、国際的な波紋を呼んだ。

図5-1 PAPの草の根統治

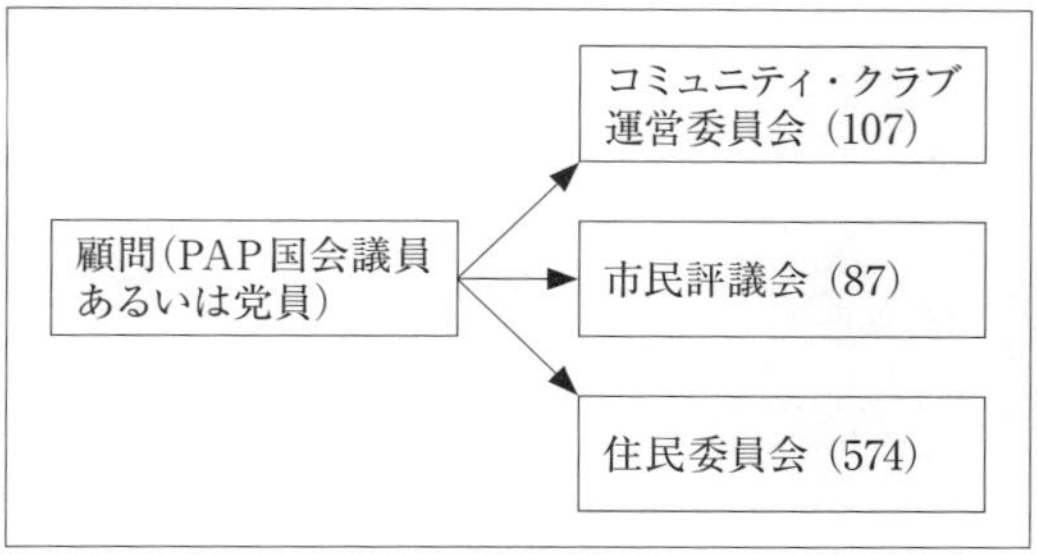

顧問（PAP国会議員あるいは党員）	→	組織
	→	コミュニティ・クラブ運営委員会（107）
	→	市民評議会（87）
	→	住民委員会（574）

⑤「草の根」の管理体制

シンガポールには地方自治体にあたるものはない。ただ、各選挙区には、細やかな行政の実施、住民との意思疎通、住民の娯楽活動支援などの目的で様々な政府地域行政機関が設置されている。制度上は地域における政府の行政補助機関であるが、実際にはPAPの草の根レベルでの統治と管理のための機関となっている。

図5-1はPAPの草の根統治と管理にとって最も重要な三つの組織を示す。三つの組織を管轄するのは「人民協会」という政府機関で、それぞれの委員会の顧問は当該選挙区のPAP国会議員（あるいは党員）が務め、同党支部委員会との緊密な連携の下で運営が行なわれている。

コミュニティ・クラブ運営委員会は、二〇一四年で全国に一〇七ヵ所ある「コミュニティ・クラブ」で文化、社会、娯楽活動を企画・実施し、華人、マレー系、インド系などの民族の垣根を越えて、住民に共同体意識を醸成するために組織されている。

コミュニティ・クラブは一九九〇年代までコミュニティ・センターと呼ばれていた。その起源は、イギリス植民地省が第二次世界大戦後に世界各地の植民地住民の啓発や教育を行なうために設立したコミュニティ・センターで、シンガポールでも一九五〇年代に作られた。PAPは政権に就くと「センターは政府指導者と住民との架け橋として、政府与党への支持を動員する場とならねばならない」として大々的な機構改変に着手し、野党の活動拠点になっていたいくつかのセンターを廃止し、すべてを

写真49　南洋コミュニティ・クラブ。

与党ＰＡＰの意図の下に統括した。一九九〇年代には多くのセンターで老朽化が目立つようになり、改修・改築が行なわれると、センターはクラブと名称が変更された。クラブの多くは斬新なデザインの色鮮やかな建物である。クラブの運営費・維持費は人民協会からの補助金と各種講座の受講料や寄付金などによって賄われている。**写真49**はシンガポール西部にある南洋コミュニティ・クラブで、多目的ホールや会議室、小劇場、図書室、カラオケラウンジ、屋上庭園まで備えている。

運営委員会の委員は人民協会から派遣されるスタッフとボランティアの地域住民で構成されるが、住民なら誰でも委員になれるわけではない。クラブがある選挙区選出のＰＡＰ国会議員の推薦を受けなければならず、さらに過去の経歴に問題がないかどうか総理府による調査を経て任命される。したがって、反ＰＡＰ的な人物は排除されるし、運営委員会を通じて政府は地域の実情も把握できる。

一九八一年の補欠選挙でＰＡＰ候補者を破った野党労働者党のジェヤラトナムは彼の選挙区にあるセンターへの出入りを拒否され、センターの運営から排除された。

現在でも野党議員は自分の選挙区のコミュニティ・クラブの運営に参画できない。その選挙区のＰＡＰ党員が「草の根顧問」として運営に関わっている。

「市民評議会」は一九六五年に設立され、二〇一四年で全国に八七ある。市民評議会はＰＡＰ国会議員の手足となって、住民から寄せられた苦情や意見をまとめて政府の関係部署に提出して回答を得る、インフラストラクチャー整備のためのプロジェクトを検討して政府に提出する、警察と協力して犯罪を防止する、政府の政策キャンペーンやＰＡＰ国会議員の選挙区訪問などのアレンジや調整を行なう、選挙区訪問に同行する、選挙区ニューズレターを作成するなどの業務を行なっていて、政府（ＰＡＰ）と地域住民の仲介の役割およびＰＡＰ党組織の役割を果たしている。

一つの市民評議会にはボランティアで一二人から五六人の地域住民が委員として参加している。人数に大きな幅があるのは選挙区の住民数が異なるからで、大きな選挙区は委員が多い。委員は、コミュニティ・クラブ同様にＰＡＰ国会議員の推薦を受け、人物の審査を経て総理府が任命する。市民評議会のオフィスはコミュニティ・クラブの中にあり、評議会の会合もクラブで行なわれる。

「住民委員会」は公団住宅の自主的な管理・運営と、隣人意識の育成を目的に一九七八年に組織された。一つの委員会は公団住宅群内の七〜八のブロック（一ブロックは平均一二〇世帯）ごとに置かれ、二〇一四年で全国に五七四ある。一つの委員会は一〇人から三〇人のボランティアの委員からなり、その資格は当該公団住宅の居住者で、やはりその選挙区のＰＡＰ国会議員の推薦に基づき、当局の調査を経て任命される。業務は団地内の秩序維持、文化活動の企画や実施、住民の苦情をまとめて政府に提出すること、警察と協力して犯罪防止を行なう「自警団」を組織することなど、住民の生活環境の整備や管理が中心である。

コミュニティ・クラブ運営委員会、市民評議会、住民委員会の三つの委員はほとんどの場合重複している。委員は名誉職であるが、長く委員を務めると国家から表彰される。これら三つの草の根組織が一九六八年総選挙以降のＰＡＰの安定した一党支配に果たした役割は、きわめて大きいだろう。総選挙のたびに「野党を当選させた選挙区は地域組織のサービスを受けられなくなる」というPAPの脅しは、住民に野党への投票を控えさせせたはずである。

ただ、一九八八年に地方自治体的な役割を果たすことを目的に設立された「タウンカウンセル」は野党国会議員も運営することができる。二〇一五年で一六あるタウンカウンセルは、住民の数によって政府から割り当てられた予算と住民から徴収する管理サービス料を使って、公団住宅内や駐車場、エレベーター、食堂街の清掃や修理・管理業務を行なう。最近は公園の整備や樹木の手入れも行っている。ただ、実際の業務は不動産会社や政府の住宅開発庁に委託している。

一つのタウンカウンセル内にある選挙区選出国会議員がタウンカウンセラーと呼ばれる理事になり、その互選で議長が選ばれる。したがって一つの小選挙区から構成されるタウンカウンセルでは、その国会議員が自動的に議長になる。

タウンカウンセル理事会は、議長と理事である国会議員、議長が指名する地域住民（六人以上）で構成される。議長や理事には、タウンカウンセル内の公団住宅の個数によって月額二〇〇〜八〇〇シンガポール程度の手当てが支給される。

PAPの草の根組織の一つである住民委員会は予算を持っていないため、経費のかかる改修や改築についてはタウンカウンセルが対応することになる。したがって住民委員会とタウンカウンセルは連携・協力しながら業務を行なうのであるが、野党国会議員が議長を務めるタウンカウンセル内の公団住宅の改修や改築は、これまでなかなかスムーズに進まなかった。野党選挙区の住民委員会顧問であるPAP党員が、住民委員会を通じて様々な「妨害」をするからと言われている。

労働者党は、二〇一一年総選挙で獲得したグループ選挙区（アルジュニド）と一二年補欠選挙でも維持した小選挙区（ホウガン）、一三年補欠選挙で勝利した小選挙区（プンゴルイースト）の三つを合わせて、アルジュニド・ホウガン・プンゴルイースト・タウンカウンセルを組織し、選挙区内の公団住宅の維持・管理を行なっていた。

だが、二〇一五年総選挙でプンゴルイーストを失ったので、アルジュニド・ホウガン・タウンカウンセルに再編している。

二〇一一年総選挙
「シンガポール政治史の転換点」

長い間政府が認める範囲内で行動してきた多くのシンガポール人であったが、二〇〇〇年代になると、大量に流入し始めた外国人労働者との雇用をめぐる競争、拡大する深刻な所得格差に不満と不安を持ち始め、それが二〇一一年総選挙での投票行動に大きな影響を与えた。その二つの問題をまず見てみよう。

①国民の不満――急増する外国人労働者

この一〇年間で外国人(労働者とその家族、留学生や研修生)は七五万四〇〇〇人から一五九万人と急増、外国人が人口に占める割合は二〇一四年には二九%までに達した。以前はシンガポール人とはあまり競合しない高度技能者や建設労働者、家事労働者が中心で、その数も限られていたが、二〇〇四年から中級技術者やサービス産業の中間管理職従事者も受け入れるようになり、雇用を巡ってシンガポール人との競合が増えた。しかしその後も政府は高い経済成長を支える人材を確保するために、単純労働者から専門・管理職に至るあらゆるレベルで外国人の受け入れを拡大した。

また、急増する外国人を受け入れるための住宅や交通機関の整備・拡充も追いついていなかった。外国人も永住権を持てば中古の公団を購入できるため、公団が不足してその価格が上がり、また民間のコンドミニアムや一戸建て価格も高騰した。土地が狭く、娯楽の少ないシンガポールでは、多くの国民の夢はコンドミニアムや一戸建てに住むことであるが、これらが高額所得者以外の一般国民には絶対に手が届かないような価格になったのである。

②国民の不満――拡大する所得格差

外国人の大量受け入れは年平均六%以上の高い経済成長を支えるのに貢献した。しかし、高所得者層の外国人の増加は国内の高所得層の収入を世界レベルへと引き上げる一方で、他のアジア近隣諸国からの低熟練・低所得の外国人流入は、清掃人に代表されるような低所得者層の所得を圧迫している。

「ジニ係数」は「一つの国の中で所得や資産の格差がど

の程度あるか」を示す指数で、〇から一までの数値で表わし、一に近づくほど格差が大きい。〇・四が警戒ラインで、それを超えると社会不安を引き起こすと言われている。シンガポールのジニ係数は二〇一〇年で〇・四六五、既に社会不安を引き起こすレベルをはるかに超えている。ちなみに日本は〇・三八一である。

しかし、貧困層への公的な支援はほとんどない。既に先進国入りしたシンガポールであるが、その社会福祉は貧弱である。政府は西欧の福祉主義が個人の自立を阻むこととその経済的負担を懸念して、「福祉国家」を明確に否定している。困窮者や高齢者の支援は家族が行なうべきものというのが社会政策の基本理念であり、政府は失業者や低所得者には一時的で期限付きの金銭的支援や金券の配付、医療サービス、学童期の子どもがいる場合には教育サービスを行なうだけである。失業保険や公的な年金制度もない。高齢者などが公的介護施設に入所するには厳しい所得制限がある。GDPに占める社会保障給付費は一六・七%でしかなく、OECD諸国の平均二二・一%をかなり下回っている。

拡大する所得格差が顕著になるにつれて、この社会政策の基本理念の問題点を問う声は高まりつつある。政府は貧困の原因を個人の問題として片付けてしまい、失業保険や最低賃金がないという制度上の不備を是正せず、拡大する所得格差を放置しているのではないかという声であり、弱者への公的支援制度や社会福祉の充実を求める声である。

③政治意識の変化

では、この二つの問題に対する不満と不安を背景に、有権者の政治意識はどのように変わっているのか。政府のシンクタンクである政策研究所は有権者（二一歳以上）一〇九二人を対象に二〇一〇年七月から一〇月にかけて「政治意識に関する調査」を行ない、総選挙直後の二〇一一年五月末に公表した。

まず、「言論の自由よりも経済発展を優先する」という項目に「強く賛成・賛成」と答えたのは、調査対象者全体で七〇・一%にのぼるものの、二一〜三九歳で「強く賛成・賛成」したのは六一・三%、六〇歳以上で「強く賛成・賛成」したのは七五・三%と、若い層の方が比較的言論の自由を重んじていることがわかる。さらに、高等教育を受けた層の方が言論の自由を重んじている。また、対象者全体の七三・二%が「自分の考えで政府を動かせる強い指導者が必要」という項目には「強く賛成・賛成」と答えた。ただ、これを年齢別に見ると、若い層ほど「強く賛成・賛成」する比率は下がり、二一～三九歳では六六・七%であった。

さらに、「公然と政府を批判する自由がもっと与えられるべき」という項目に対しては全体の五〇・一%が「強く賛成・賛成」し、「政府のマスメディアへの規制は強すぎる」「マスメディアの政治や政党、選挙の報道は偏向している」という項目には、それぞれ五六・二%、四八%が「強く賛成・賛成」している。

二〇一一年の統計によれば、二五～三四歳の世代の八八・〇%は中等教育修了以上の学歴を有している。シンガポールが貧しかった時代を知らず、高い教育を受けて育った彼ら・彼女らの中には、PAPの権威主義的な統治よりも民主主義的な政治を求める者が少なくないのである。またこの層を含めて全体の半数が言論空間の拡大を求めていることも、調査結果から読み取れる。

ただ、年齢や教育程度に関係なく、調査対象者の半分以上が言論の自由よりも経済発展を優先し、強い指導者を求めていることは、注目に値する。

④二〇一一年総選挙

二〇一一年五月の総選挙（一一二ページ表5‐1）でPAPは六議席を失い、得票率は六〇・一%と史上最低となった。野党は独立後最高の六議席を獲得した。この六議席は、労働者党によるグループ選挙区五人チーム区の五議席および一人区一議席である。PAPが史上最低の得票率であったことに加えて、野党が初めてグループ選挙区で議席を獲得したことは画期的であった。

選挙キャンペーンの終盤にPAPの劣勢が伝えられると、リー・シェンロン首相は近年の国民の不満や不安に政府が十分に対処してこなかったことを謝罪した。首相が政策の誤りを認めて国民に謝罪するというのはこれが初めてであり、多くの国民は驚きとともに、長期にわたる抑圧的なPAP支配体制に変化の兆しを感じたかもしれない。結果はPAPの「歴史的大敗」であった。

ではなぜPAPは「歴史的大敗」を喫したのか。

まず、今回の総選挙の特色を見てみよう。それは第一に、二一～三四歳の有権者が全体の四分の一を超えるという若い有権者が多かったこと、第二に、ニューメディアと呼ばれるフェイスブックやツィッター、ユーチューブの使用が選挙期間中に認められたために、既成メディアでは普段は報道されない野党の動向が大々的にニューメディアを通して流れたことであろう。二〇〇〇年代に入ってネット上では政府批判がかなり盛り上がっていたものの、二〇〇六年総選挙まではニューメディアの使用は認められなかった。第三に、野党が互いに候補者を調整してほとんどすべての選挙区に候補者を立てたため、多くのシンガポール人が投票できたことである。二〇〇六年選挙では七つのグループ選挙区三七議席で野党が候補者を立てなかったために、有権者の四三・四％が投票しなかった（できなかった）。今回は、リー・クアンユー元首相の選挙区（五人チーム区）のみが無投票であった。

つまり、今回の選挙は有権者のほとんどが投票し、かつ若い有権者が多かったのである。ニューメディアを使いこなせる若い有権者は、自分が感じる不満を多くの人も感じていることを知り、力を得たはずである。さらに、二〇〇〇年に入ってから顕著になった外国人大量流入がもたらす問題や深刻な所得格差をＰＡＰに適切に処理させるためにも、野党議員が一定数必要であると感じ始めていた有権者は、若い層だけではなかっただろう。

さらに、第四の最も重要な特徴は、野党がこれまでと大きく異なる、何人もの「華やかな」候補者を擁立したことである。

「華やかな」候補者とは、中等教育修了時の成績優秀者に与えられる政府奨学金によって海外の一流大学で学位を取得し、帰国後一定期間を上級公務員として勤務した経験のある者、元シンガポール国軍大佐、ハーバードとオックスフォード大学卒業という高学歴と国際弁護士という高い社会的地位を持った人物などであり、このような野党候補者が複数出現したことはこれまでの選挙ではなかったため、多くの国民を驚かせた。

たとえば、その一人であるタン・ジーセイはオックスフォード大学卒業後に一一年間政府に勤務し、うち五年間はゴー・チョクトン第二代首相の第一秘書を務めた。しかし、ゴー前首相は選挙戦期間中に「タンは事務次官に昇進するような資質を有していなかった」と元第一秘書を貶める発言をし、有権者は「野党議員は邪魔なもの」

としか見なさないＰＡＰの旧態以前とした態度を再確認したのである。

二〇一一年総選挙は、より開かれた民主的な政治を有権者が求めるようになったこと、それを実現するために、多くの高い学歴を持つ専門職や元官僚（これまでなら与党に入党したような人々）が積極的に野党に加わった選挙だった。その意味で、この選挙は「シンガポール政治史の転換点」と言えよう。

二〇一一年総選挙の熱気は、その直後の八月に行なわれた大統領選挙にも引き継がれた。大統領選挙には四人の候補者が立った。政府与党が最も強く推した元副首相と、総選挙で惜敗したタン・ジーセイとの戦いはほぼ互角で、元副首相は辛勝した。

ただ、元副首相を含めてすべての候補者が訴えたのはより開かれた、活気のある競争的な政治であったことを考えると、シンガポール国民が求める政治は、ＰＡＰの一党支配ではなく、活気ある競争的な政治になりつつあることが理解できよう。

⑤「リー・クアンユー時代」の終わり

二〇一一年総選挙の直後、一九六五年の独立から一九九〇年まで首相、その後二〇年以上も内閣に留まって絶大な影響力を行使してきたリー・クアンユー初代首相が、ゴー・チョクトン第二代首相（二〇〇四年に首相を退いた後もリー同様に内閣に残る）とともに、閣僚を辞任した。

辞任にあたって、「我々はこれまでシンガポールの発展のために努力してきたが、困難で複雑な状況の時代には、若い世代の政治家の手でシンガポールを前進させるべきであるとの結論に達した」という連名のメッセージを国民に送った。これまで「シンガポールに何かあれば墓場からでも蘇る」と語っていたリーの辞任は、多くの国民を驚かせ、同時にＰＡＰの抑圧的な政治体制に変化が起こるのではないかと予感させた。

辞任から四年後の二〇一五年三月二三日リーは死去した。九一歳であった。葬儀は三月二九日に国葬で行なわれ、日本を含む各国の首相や大統領が参列した。

独立五〇年を迎えるメモリアル・イヤーにリーが死去したことは、まさに「一つの時代の終わり」を意味するのだろう。

二〇一五年総選挙

二〇一五年総選挙の投票は、八月一ヵ月間を通して行なわれた独立五〇周年を祝う華やかな式典やイベントの熱が冷めやらない九月一一日に行なわれた。事前の予想では野党がさらに議席を伸ばすのではないかとも言われ、首相も「今回の選挙は厳しい選挙になる」と八月末に語っていた。

九月一日に公示された今回の選挙の特徴は、ほぼ三〇年ぶりにすべての選挙区に候補者が立ち、投票が行なわれたことである。二四年間PAPが無投票で勝利してきたリー初代首相の選挙区にも野党が候補者を立てた。さらに、今回は労働者党を含めてこれまでで最高の八つの野党が候補者を立て、また無所属候補が二人立ち、八九議席（国会定数は二議席増加）を一八一人が争う選挙となった（写真50、51）。今回の総選挙の争点は、前回と同じく外国人労働者問題と不動産などの価格の高騰、拡大する所得格差問題であった。

しかしながら、表5-1（一一一ページ）に示すように、PAPは一〇％近くも得票率を上げて八九議席中の八三を獲得、野党は六議席にとどまった。野党の議席は、労働者党がグループ選挙区五人チーム区で獲得した五議席と、同じく労働者党が取った小選挙区一議席の六議席であった。二〇一一年総選挙やその後の大統領選挙で野党に投票した多くの国民は、なぜ今回再び与党に投票したのか、再びPAPの圧倒的な一党支配を望んだのはなぜなのか。

それは第一に、外国人労働者数を抑制して国民を優先的に雇用するために、PAPがこの四年間に行なった取り組みを国民がある程度評価したことである。それらの取り組みには、建設労働などの低熟練とサービス業に従事する中技能外国人労働者を雇用する際に課す税金（外国人雇用税）や外国人の基本月給を引き上げる、家族帯同ビザの発給基準を厳しくする、一企業内の中技能外国人労働者ビザ発給枠を二五％以内（四人に一人）から二〇％以内（五人に一人）に下げて規制を強化する、高技能外国人を雇用する前にシンガポール人への求人広告掲載を義務化する、などがあげられる。

もっとも、これらの取り組みによって眼に見えて外国

写真50　危機を感じたPAPは各選挙区の主要な場所にリー・シェンロン首相のポスターを貼り、なりふり構わぬ選挙戦を行なった。顔写真の右にあるのはPAPのロゴ・マーク。

人労働者数が減少しているわけではない。国民は外国人労働者問題が簡単に解決できる問題ではなく、外国人労働者がシンガポールの経済発展を支えていることは理解している。政府がこれまでとは異なって国民の不満に耳を傾け、積極的な施策を講じ始めたことを評価したのである。

第二に、多くの医療社会福祉施設の増設を含む「ヘルスケア二〇二〇マスタープラン」や高齢者への終身支援策（病院費用の割引や財政支援など）、「国民皆保険制度」（一九七ページ参照）という、これまで最低限に抑えてきた社会福祉や高齢者介護政策を大きく見直す政策も国民に評価された。

写真51　PAPと労働者党のポスター。
（ジャラン・ベサー４人チーム選挙区）

第三に、これまでの選挙キャンペーン期間中によく見られたPAP候補者の野党候補者への誹謗中傷や国民への「脅し」（野党議員を選んだ選挙区住民は政府のサービスが受けられなくなるなどの発言）がほとんどなかったことや、主要メディアがかなり積極的に野党の動向や候補者のことを報道したため、国民はPAPの変化を感じたのも重要な要因だっただろう。

また、第四に選挙のタイミングが絶妙だったこともあげられる。三月のリー初代首相の死から八月の独立五〇周年の各種イベントまで、政府はシンガポールが歩んできた道（マレーシアからの分離・独立、国際環境の厳しさ、イギリス軍の撤退による軍事的・経済的苦境など）の険しさと、奇跡の経済発展を何度も何度も国民に伝え、愛国心と現政府の下での団結を訴え続けた。また投票日を二〇〇一年アメリカ同時多発テロの日である九月一一日に設定したことも、絶妙であったろう。都市国家シンガポールが国際情勢の変化に左右されやすい脆弱な国家であることを思い起こさせたのである。

第五に国際的な要因も忘れてはならないだろう。シンガポールの最大の貿易相手である中国経済の陰り、タイの政治不安、隣国マレーシアの政治的混乱と経済の停滞は、「政治の安定」による経済発展の継続を選択させた。選挙期間中にヘイズ（インドネシアからの煙害）が「不健康指数」を示すほど悪化し、喉を痛める高齢者や子どもが続出したことも国民を不安にさせ、現状維持を選択させた。

最後に、最大野党労働者党の選挙戦略の問題点も指摘しておきたい。労働者党が有権者に最も訴えたのは「政府与党の政策をチェックするために、もっと多くの野党議員を国会に送ろう」であり、有権者にとっては物足りなかった。労働者党は前回にも増して「華やかな」経歴の候補者を立てたものの、その政策がPAPとどのように異なるのか、より具体的な政策を有権者は知りたかったはずである。

このような要因によってPAPは大勝したものの、これからもPAP一党支配が安泰とは限らないだろう。大勝したためにPAPが傲慢になって国民の声に耳を傾けなくなったら、国民はすぐにまたPAPから離れていくだろう。国民が開かれた活気ある民主的な政治を望んでいることは、二〇一一年総選挙時と変わりないからである。

労働者党

既に述べたように、登録されている野党は二〇近くあるものの、総選挙に参加する党はその半数以下で、PAPの長期一党支配の下でその存在感は薄かった。しかし、労働者党は二〇一一年総選挙で野党として独立以来最高の六議席を獲得し、PAPに代わって与党になる可能性のある唯一の野党と言われるようになった。

労働者党は、シンガポールがまだイギリス植民地であった一九五七年に創設された。創設者デビッド・マーシャルは一九五五年に行なわれた限定的民主選挙で勝利し、シンガポール初の主席大臣（独立国家の首相にあたる）となったユダヤ系弁護士である。彼はイギリスから自治権を勝ち取れなかった責任を取って五六年に主席大臣を辞職、当時の与党を離れて労働者党を設立した。ただ、創設時の労働者党はマーシャルという人物中心の党であったため支持を拡大することができず、彼が政治の世界から退くとほぼ壊滅状態となった。

党を立て直したのは、一九二六年生れの伝説的な野党闘士ジェヤラトナムである。彼は一九八一年の補欠選挙でPAP候補者を破り、六八年から続いていた同党の国会全議席独占を破ったのである。国会でたった一人の野党議員として激しい野次をものともせず政府に論戦を挑む彼の姿は、国民に同情と野党の必要性を認識させた。ジェヤラトナムは八四年の総選挙でも再選された。しかし、たった一人でも与党は見逃さず、既に述べたように、彼はPAPから告訴されて議員資格を剝奪された。

このように創設から近年までの労働者党は、個性の強い個人の力に依存する党であったと言える。その党の支持基盤を広げ、組織を堅固なものとしたのは、ジェヤラトナムの後に書記長となった一九五六年生れのロウ・チァキアンである。彼は長い間休刊となっていた党機関誌『ハンマー』（写真52）を再発行し、インターネットによる情報の発信を開始、「野党議員をもっと国会に送ろう」と呼びかけて若手党員を募った。ロウは、華語の教育機関であった南洋大学とシンガポール国立大学を卒業しているものの、PAP議員のような海外の一流大学や大学院修了などの華やかな経歴はない。しかし彼は自分の選挙区であるホウガン地区を歩き回って人々の悩み事に耳を

写真52　労働者党のロゴマーク「ハンマー」。

傾け、方言（潮州語）と華語を使って華人選挙区民の心を捉えた。ロウは一九九一年総選挙以来ずっと議席を守り、二〇一一年総選挙ではホウガンを若手の労働者党候補者に譲って五人チーム区であるアルジュニド選挙区に転出し、ここでも当選した。彼にホウガンを任された若手候補者は、圧倒的な得票率でPAP候補者を破った。さらに二〇一三年一月に行なわれた補欠選挙で労働者党候補者がPAP候補者を破り、国会議員数は七人になった。

　ロウの呼びかけに応えて労働者党に入党したのが、党委員長のシルビア・リムで、シンガポール国立大学とロンドン大学で法律を学んだ女性が野党に入党したことは国民に驚きをもって迎えられた（写真53）。彼女は二〇〇六年総選挙では僅差で落選したものの、「非選挙区選出議員」として国会に登場、穏やかな口調ながら与党議員と堂々と渡り合う姿に国民は大きな喝采を送った。彼女に刺激されて、ハーバード、オックスフォード、スタンフォードで法律を学んだ弁護士など、これまでならPAPに入党したであろう華やかな経歴を持つ若手が労働者党に入党しはじめた。二〇一五年で党の中央執行委員会は一四人、そのうち八人は三〇歳代である。

写真53　シルビア・リム。

　ロウもリムも、ジェヤラトナムのように政府与党の政策に何でも反対するのではなく、政策重視の健全な野党を目指している。リムは「いつも与党と正面からぶつかればよい野党になると考えている人もいる。でもそれは

写真54　2015年総選挙労働者党の集会――スタジアムは人で埋まったが支持は伸びなかった。

正しい方向ではない。もし与党の決定に合理性と必要性があれば、それがどんなに不人気な決定でも私たちは反対しない」と述べ、与党とも政策によっては協力する柔軟な姿勢を見せている。また「次の選挙でＰＡＰに取って代わるのは無理だ」とも語っている。「ＰＡＰとの大きな違いがない」という批判もあるものの、多くのシンガポール人はこの穏健な姿勢に共感を持ち、ＰＡＰのオールタナティブとして労働者党に信頼を寄せ始めていると言えよう。

しかし既に述べたように、労働者党は二〇一五年総選挙で議席数も得票率も下げた。次期総選挙に向けてこれまでのように反ＰＡＰ票を取りこむだけでなく、どのようにＰＡＰとの政策の違いを明確にするのか、新たな戦略が求められている。

ジェヤラトナム（一九二六〜二〇〇八年）

ジョシュア・ベンジャミン・ジェヤラトナム（支持者は親しみを込めてJBJと呼んだ）は、シンガポールに移住してきたスリランカ出身のキリスト教徒の両親を持つ。ロンドン大学で法律を学び、一九六八年には自分の法律事務所を設立した。同時に、有名無実化していた労働者党を弁護士仲間と再建し、書記長に就任した。

ジェヤラトナムは一九七二年と七六年総選挙、一九七七年と七九年補欠選挙、一九八〇年総選挙でPAP候補者に敗れた。だが、六度目の挑戦となった一九八一年補欠選挙でPAP候補者をわずかの差ながら破り、一九六八年以来続いていたPAP一党支配を破った。

大きな目と浅黒い皮膚、がっちりとした体格を持つ彼は、たった一人ではあるものの国会で存在感溢れる野党闘士となり、与党議員からの激しい野次をものともせず、少ししゃがれてはいるが大きな声で政府与党に論戦を挑んだ。一九八四年総選挙でも再選され、この時はPAP候補に得票率で一三％以上の差をつけた。

常にPAP政府の政策を批判し、論戦を挑むジェヤラトナムに対して、PAPは容赦しなかった。些細なミスや発言を取り上げて告訴し、ジェヤラトナムは五〇万シンガポールドル余りの罰金を科されて破産を宣告された。破産宣告されると自動的に議員資格も失うので、彼は国会から姿を消した。

リー・クアンユーは回顧録で「ジェヤラトナムは厚かましく無価値で役に立たない。彼は国を創ろうとしない。国会や政府にはあんな人物は不要である」と徹底的に批判している。ただ、「独立の混乱を知らない若いPAP議員の練習相手として役に立つ」と書いている。

ジェヤラトナムが再び総選挙に立ったのは、議員資格剥奪の期間が過ぎて立候補が可能になった一九九七年総選挙である。グループ選挙区から出馬したジェヤラトナムの「勇姿」を見に多くの人が選挙区を訪れ、彼のチームは勝利するのではないかとさえ言われたが、約九％の差でPAPチームに敗れた。だが、直後に彼とチームを組んだ候補者が「華人ショービニズムを煽った」としてPAPから訴えられて巨額な罰金を科された。候補者は逮捕されるのを恐れて国外に逃れた。

シンガポールの10人

総選挙後にジェヤラトナムは「非選挙区選出議員制度」（落選した野党候補者のうち高い得票を得たものを国会議員として指名する制度）によって国会議員となった。しかしながらPAPの彼に対する容赦ない攻撃はまだ続いた。第二代首相ゴー・チョクトンは「選挙キャンペーン中のジェヤラトナムの発言は、自分に対する名誉毀損に当たる」として高額の損害賠償を要求した。二〇〇一年に彼は再び巨額の罰金を科されて破産を宣告され、非選挙区選出議員の資格を失った。

ジェヤラトナムは二〇〇一年に労働者党を離れた。彼が議員資格を失う際に、党が彼を支援しなかったためと言われている。だが、彼はけっしてめげなかった。罰金刑と破産宣告の免除を求める要求を裁判所に提出しながら、次回選挙に向けた準備を行なった。この頃の彼は、繁華街で自分の本を販売しながら、街行く人に自分への支持を訴えることも行なっている。二〇〇七年に合計二三万シンガポールドル余りの罰金を支払うことで次回選挙の立候補資格を回復すると、二〇〇八年に改革党を結成し、書記長に就任した。

だが、ジェヤラトナムは立候補して再びPAPと論戦をすることはできなかった。新党結成のわずか三ヵ月後に心臓発作で急死したからである。リー・シェンロン現首相は、ジェヤラトナムの死去に際して、遺族に「彼は建設的な野党を創ろうともせず、国会のよき伝統を創ろうともしなかった」という手紙を送った。なお、改革党は彼の長男ケネス・ジェヤラトナムが引き継いでいる。

ジェヤラトナムはPAPやリー・クアンユーに打撃を与えることはできなかった。ただ、何度でも立ち上がり、議員として復活しようとした彼の粘り強さと不屈の魂に、多くの国民は拍手を送った。PAPに論戦を挑む彼の姿は、国会に一定程度の野党議員が必要であることを国民に認識させたのである。

写真55　自分の本を販売中のジェヤラトナム。

ロウ・チァキアン（一九五六年〜）

労働者党書記長ロウ・チァキアンはシンガポールで生まれ、華語の高等教育機関として設立された私立南洋大学の最後の卒業生となった。もっとも、彼が学んだ頃の南洋大学は授業の半分以上が英語に代わり、華語大学としての特質は薄れていた。卒業後にシンガポール国立大学中国語学科でも二年間学んで学位を取り、一九八二年に教育学院で教育学の学位も得た。

彼が労働者党に入党したのは、教育学院を修了した一九八二年である。当時の書記長で国会議員でもあったジェヤラトナムがロウを党の要職に任命し、ロウは一九八四年総選挙のキャンペーンを指揮してジェヤラトナムの再選に大きく貢献した。

ロウは、一九八八年総選挙に労働者党のグループ選挙区候補者として立候補したものの、PAPチームに僅差で敗れた。しかし一九九一年総選挙ではホウガンという比較的貧しい地区の小選挙区から立候補、PAP対立候補に僅差ながら勝利した。ホウガン地区には一九八〇年代初頭まで養豚場があったが、政府が強引に閉鎖させて再開発を行なった。それを恨みに思う人々がロウに投票したと言われている。その後の一九九七年、二〇〇一年総選挙でもPAP対立候補に得票率で一〇%以上の差をつけて勝利し、二〇〇六年は二五・四%という大差をつけた。

小柄で微笑を絶やさないロウは、毎日のように選挙区を歩き回り、潮州語と華語を使って華人住民、特に高齢者の話に耳を傾ける。彼ほど巧みに潮州語と華語を操って演説をする政治家はいないだろう。政府が独立から一九七〇年代末まで強引に「華」を抑圧したことに不満を持つ華人の多くも彼を支持していると言われる。

ロウの選挙区は野党区となったため、公団住宅は老朽化してもなかなか政府の財政支援が受けられず補修工事をしてもらえない。総選挙のたびに与党から「野党区はスラムのように取り残されるだろう」と脅され、ほぼそのとおりになっている。MRTの駅も彼の選挙区には長い間作られなかった。それでも選挙区の人々は「PAPは何でも規則どおりにしかやらないが、ロウは融通を利かせながら困った人を助けてくれる」と彼を支え続けてきた。

シンガポールの10人

ロウは長い時間をかけてこのような住民との絆を築き上げた。高学歴で英語しか理解できず、普段は住民と触れ合うことの少ないＰＡＰ議員にはできないことである。

ただ、ロウが支持基盤を強固なものにしたのは、彼のこのような「庶民的」な持ち味だけではない。一九八四年総選挙キャンペーンを指揮してジェヤラトナムを当選させたように、彼はオーガナイザーとしての優れた力量を持っている。政府の「人口白書」に対して労働者党が出した対案は、緻密で説得力のあるものだった。

次期総選挙に向けてどのような戦略を練るのか、どのように若手を育成していくのか、彼の手腕が問われている。

私生活では妻との間に三人の子どもがいる。

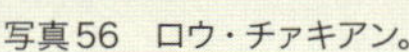

写真56　ロウ・チァキアン。

写真57　2015年総選挙の労働者党の集会——ロウの演説時には割れんばかりの拍手と大歓声が起こる。

6 産業・経済・労働

シンガポールは外資を積極的に誘致する政策を取り続ける一方で、国際経済状況の変化に応じて、基幹産業を次々と変えて調整を行なってきた。高付加価値の製造業を維持しながら、ニッチな新規分野へも外資の誘致を図ることで国家の経済的な競争力を維持してきたのである。『二〇一一年世界経済フォーラム国際競争力比較』によれば、シンガポールはスイスについで世界第二位の競争力を有する国と評価されている。

外資系企業の誘致

①投資環境の整備

独立した翌年の一九六六年に蔵相は「シンガポール政府はノウハウと確かな市場をもたらすであろう国際的大企業の投資を歓迎する」と述べ、輸出指向型工業化政策によって、先進工業国の市場に参入することを発表した。一九六七年には法人税の大幅引き下げと海外からの借り入れに対する利子課税の無料化などを中心とする「経済拡大奨励法」、優先的に振興する産業分野（パイオニア・ステータス）の認定を受けた企業には最長一五年間にわたる法人所得税の免税措置が適用される「パイオニア・ステータス・インセンティブ」など、一連の外資に対する優遇措置を決定した。また一部を除いてほぼすべての分野で一〇〇％の外資の企業設立を認めた。

表6-1は主要なアジア諸国の法人税率（二〇一四年）を示す。シンガポールは香港の次に低い。

さらに、一九六八年のPAP一党支配の確立による「政治的安定」とともに、国内の本格的な投資環境整備が行なわれた。

一九六六年に国会を通過した労働組合（改正）法は、労働組合員と加入条件について詳細に規定し、「好ましくない」人物や組合の登録取り消しを容易にした。また、組合員の多数による秘密投票で承認されなければストライキや他の抗議活動は違法となり、さらに基本的公共事業体部門でのストはすべて禁止、同情ストも違法となった。この法は、国際資本の投資に有利な環境を作るため、労働者の権利を弱体化させていく政策の第一陣なのであるが、イギリス軍撤退が発表されると、労働政策の取り組みはいっそう急務となった。イギリス軍の直接・間接の経済効果は甚大だったからである。

一九六八年の雇用法と労使関係（改正）法は、低賃金で従順な労働力を確保する大胆な法律である。雇用法は、労働者の勤務状況や給与を基本的に変えた。標準労働時間は週三九時間から四四時間に増え、公休日は一五日から一一日に減少、休暇や病欠日、有給休暇も減った。解雇手当は勤続三年以上の労働者にのみ支給、ボーナスその他の報奨金は制限されるようになった。

他方、労使関係（改正）法によって、雇用者（経営）側の特権が大幅に拡大された。昇進、配転、人員削減、解雇、復職や仕事の割り当てといった事柄は、労働組合の管轄外とされ、さらに裁判所の管轄外ともされた。雇用者側の権利を拡大し、労使交渉によって問題を解決する機会を制限することで、政府は労働者の行動を著しく弱体化させ、利益団体としての労働組合の伝統的な役割はほぼなくなった。

さらに一九七二年の「全国賃金評議会」の設立は、労働組合の賃金交渉権を著しく弱めた。全国賃金評議会は政府・雇用者・労働者からなり、賃金のガイドラインを設定する機関である。政府代表は管轄機関から、労働者の代表はPAPが作った「全国労働組合評議会」から選出されるために、全国賃金評議会は実質的に政府の政策を反映する機関となった。労使双方による個別の賃金交渉は全国賃金評議会の勧告を受けてから行なわれるようになり、シンガポールの国際競争力を損なわないような賃金が設定されるようになったのである。

労働組合はこれ以後、労働組合の伝統から離れてスーパーマーケットやタクシーという、労働者にとって身近な利益を追求する協同組合の経営に専念し、低賃金労働者に「安いもの」を提供する活動が中心となった。組合に加入するシンガポール人は年々減少し、二〇一〇年で二七%、外国人で一一%しかいない。多くのシンガポール人にとって、労働組合の存在意義はほとんど皆無である。

表6-1　アジア諸国の法人税率(%)

	法人税率
香港	16.5%
シンガポール	17.0%
タイ	20%
韓国	22%
ベトナム	22%(2016年から20%)
中国	25%
インドネシア	25%
マレーシア	25%(2016年から24%)
日本	40%

出典：ジェトロ・シンガポール事務所『シンガポール経済の動向2014年3月』。

②「厳格な法支配」の魅力

シンガポールは厳格な法支配の国、汚職のほとんどない国として有名である。チューインガムの輸入・販売とゴミのポイ捨てが禁止されているのは日本でも有名であるが、その他にも環境公衆衛生法によって、道路や公共の場所で痰や唾を吐くことや主要道路の斜め横断も、公衆トイレを使用後に流さないことも禁止されている。

このようにシンガポールの法律は確かに厳しく、罰則も厳しい。公共物に落書きをすると、最高で罰金と鞭打ちが科せられる。厳しい罰則は外国人であっても適用される。麻薬に対しては、一定以上の麻薬をシンガポールに持ち込んで有罪になれば死刑になる。

汚職に対してもかなり厳しい罰則が科せられる。政府内の汚職調査局は公務員や政治家の私生活に常に眼を光らせ、疑いがある場合には徹底的に取り調べる。一九八六年に当時の国家開発相が不動産会社から賄賂を受け取った疑いで極秘に取り調べられたが、取り調べの最中に将来に絶望して自殺してしまった。それでも近年では汚職が頻発して問題となっているが、容疑者には厳格な罰則が適用されている。二〇一三年七月に一七六万シンガポールドルもの公金をカジノで使ったことが発覚した汚職調査局幹部に、一〇年の禁固刑が科された。一〇月には外務省儀典局長が贈答品経理を不正操作し、九万シンガポールドルを横領した容疑で逮捕された。

このように厳格な法支配ゆえに、シンガポールは国際的な汚職度ランキングでは毎年アジアで最もクリーンな国として高く評価されている。「罰金」という意味のfineと「美しい」のfineをかけて、fine countryとも呼ばれている。汚職や賄賂がはびこるアジアの中でシンガポールは異色であり、国際資本が安心して投資しビジネスできる国となっている。厳格な法支配もまた投資環境に貢献している。

③基幹産業と外資の貢献

シンガポール政府が基幹産業と位置づけている分野を、年代ごとに大きく分類すると以下のようになる。「政治的安定」と協調的な労使関係は国際資本の誘致に大きく貢献した。

- 一九六〇年代後半～一九七九年――労働集約型産業
- 一九八〇年代～一九九〇年代――資本集約型産業
- 一九九〇年代～二〇〇〇年――金融、サービス産業
- 二〇〇〇年代～――知識集約型産業

まず、一九六〇年代後半から一九七九年までは、繊維、電気製品の組み立てといった労働集約型産業（繊維、食料品の製造、電気製品の組み立てなどの、低技術で労働者をたくさ

ん必要とする産業）の外国資本誘致を進めた。表6‐2からわかるように、GDPは独立後急激に増加した。GDPに占める伝統的な商業部門は一九六五年の三二％から七五年の二七％と相対的に衰微し、代わって製造業の比

表6-2　GDPの主要産業別構成比の推移
（単位：GDP総額は100万シンガポールドル、内訳は％）

	1965*	1975	1985	1995	2010
GDP総額	3,043.4	12,543.2	38,923.5	102,652.4	274,832.4
製造業	14	24	22	25	26
建設業	4	8	9	6	4
サービス	60	66	60	61	62
商業	32	27	15	17	16
輸送・通信	n.a	11	12	12	9
金融サービス	n.a	16	10	11	12
ビジネス・サービス	n.a		13	12	11
その他サービス	n.a	12	11	9	9

出典：*Singapore Yearbook of Statistics*、『アジア動向年報』各年版など。
＊1965年のサービス業の内訳は、他の年と統計の取り方が異なるので商業以外は不明。

率が一四％から二四％と大きく増加している。

主たる投資国はアメリカ、ヨーロッパ諸国（特にイギリスとオランダ）で、一九七〇年代後半になると日本からの投資が目立って増えた。シンガポールの製造業の成長、拡大、深化、およびその国際競争力に圧倒的に貢献したのは、これら外資である。一九七〇年は全労働人口の六三％が外資系企業に吸収されている。一九七一年に労働市場はほぼ完全雇用に近い状況になり、今度は逆に労働力不足に見舞われるようになった。マレーシアからの出稼ぎ労働者が急増し、一九七八年には五万八〇〇〇人を超えた。

このままマレーシアからの低賃金労働者への依存を続ければ、シンガポール人労働者の意欲が削がれる。また国土が狭いために労働集約型産業の拡大は限られ、やがて他の発展途上国に追いつかれてしまい、一九七〇年代中頃には労働集約型産業部門は成長力を失うことが明らかになった。

この状況に対処すべく、政府は一九七九年「第二次産業革命」と称される産業構造高度化政策に着手した。これは、シンガポールがより高度な技術基地へと移行する

ことを加速して、低賃金諸国との競争から抜け出し、経済成長のために安価な労働力に依存するのを防ごうとする試みであった。労働集約型産業への依存から高度な技術を要する資本集約型産業（コンピューター関連産業や石油化学などの、大規模な設備や高い技術を要する産業）への移行を宣言したのである。

まず、一九七九年から三年間にわたって、各企業に年平均三〇％の賃上げを行なうように勧告した。賃金の上昇によって労働集約型産業は撤退せざるを得なくなり、かつ生産工程の自動化と機械化が促されるだろうという意図である。また、いくつかの労働集約型産業への保護政策が廃止された。一方で、高度な産業を担う優秀な人材（労働者）の育成のためのエリート主義的教育制度も開始された。

大幅賃上げと保護政策の廃止により、たとえばブリジストン社などのようなタイヤの生産や自動車組み立て、エアコン、下着などの縫製を行なうすべての外国企業は閉鎖を余儀なくされ、近隣諸国へ転出した。それらに代わる重点産業として、政府は航空機、コンピューター、工作機械などをあげ、これらの産業に必要な物的インフラストラクチャーの大規模な拡張と改善も行なわれた。

もっとも、一九八四年から八五年の第二次石油ショックによる不況が原因で、「第二次産業革命」は調整せざるを得なくなった。しかし、その後はいくらかの紆余曲折を経ながらも、国際資本は政府の望む重点産業に投資するようになり、シンガポールは高付加価値の生産拠点に向かった。

同時に一九八〇年代後半になると、更なる成長に向けての新たな戦略も発表された。「サービスの輸出にシンガポールは比較優位がある。我々は世界との広範な輸送・通信網を持っている。また教育程度の高い、英語を話す労働力も有している。我が国の経済に占める製造業の重要性を減じることなく、サービスの輸出の振興を積極的に行なうならば、間違いなくサービス業は最大の成長部門となると予言できる」（当時は通産担当国務大臣だったリー・シェンロン現首相を長とする委員会の報告書、一九八六年）とし、金融、海運・航空輸送、通信、海外市場向けビジネス、出版や医療サービスという種々のサービス分野に外資の導入を促進することで、今後の成長を維持する政策が打ち出された。

その代表的な政策が地域統括本部制度と国際統括本部制度で、シンガポールで本社機能型業務を行なう企業に対しては、法人税の軽減や各種優遇制度を含めた包括的投資インセンティブを適用することが発表された。これによって、シンガポールに本社を置いてタイやマレーシアの生産工場を管理・統括する企業を増加させた。政府はASEAN諸国および東アジアの経済発展を背景に、それらの地域サービスセンターとしてシンガポールを位置づけようとしたのである。この政策は成功した。表6-2からわかるように、輸送・通信、金融やビジネス・サービスは急増するGDP総額の中で一定の比率を占めている。

シンガポールには、アメリカ経済誌による著名な企業番付「フォーチュン五〇〇」に入っている多国籍企業の四一%が地域統括本部を設けており、アメリカ自動車最大手ゼネラル・モーターズなどが国際統括本部を置いている。

統括拠点設置の動きはさらに加速、その機能も幅広いものとなっている。近年では近隣諸国の拠点の生産管理や物流、財務や人事などの管理業務だけでなく、研究・開発活動も振興しており、アジア市場向けの製品の開発や実証実験を行なう企業も増えている。

一九九七年のアジア経済危機を受けて、政府は再び成長産業を見直し、二〇〇〇年代には知識集約型経済への転換を図った。たとえば、知識集約型産業の重点分野の一つにバイオメディカル分野を振興する方針が決定し、ノーベル賞受賞者など著名な研究者が集められて医薬品などの製造拠点の誘致が本格化した。さらに、ITや教育、医療ツーリズム、娯楽産業というニッチな部門を振興する政策も打ち出された。

娯楽産業の成功を代表するのが、「総合リゾート」と呼ばれるカジノを併設した二ヵ所の総合レジャー施設であろう。総合リゾートの建設にあたっては、それまで禁止されていたカジノを併設するために国民の意見が大きく分かれたものの、最後は首相が「私が責任を取る」と述べて二〇〇五年に決定し、二〇一〇年に二つの総合リゾートがオープンした。総合リゾートと称されるのは、ギャンブル場だけでなくホテル、レストラン、会議場なども併設されているからである(写真58、59)。シンガポールを訪れる外国人は二〇一〇年と一一年は連続で史上最

写真58　総合リゾート「マリーナ・ベイ・サンズ」。

高を更新し、総合リゾートは予想を上回る成功を収めている。

このようにシンガポールは外資を積極的に誘致する政策を取り続ける一方で、国際経済状況の変化に応じて、基幹産業を次々と変えて調整を行なってきた。高付加価値の製造業を維持しながら、ニッチな新規分野へも外資の誘致を図ることで国家の経済的な競争力を維持してきたのである。

『二〇一一年世界経済フォーラム国際競争力比較』によれば、シンガポールはスイスについで世界第二位の競争力を有する国と評価されている。

二〇一三年のシンガポールへの主要な直接投資国は、アメリカ、オランダ、日本である。ただ、ここ一五年で近隣のアジア諸国（中国とインド）からの投資が増えつつある。シンガポールはアジア新興国がアジア域内へ、さらに先進国への市場を拡大するための拠点になっている。シンガポールに拠点を置く中国企業とインド企業はそれぞれ約六〇〇〇社にのぼる。外資と外国人労働者のGDPへの貢献比率は、二〇一一年で四四％にものぼっている。

写真59 「マリーナ・ベイ・サンズ」内の巨大なカジノ場。

政府機関の役割

シンガポールの工業化の担い手は確かに外資であるが、それを支援するかたちで経済に直接介入し、外資を「管理」していった政府の役割の大きさを忘れてはならない。政府の強大な地位はあらゆる部門で徹底している。政府は国家にとって重要な事業や所有したい産業部門については公的所有とした。政府の法令で設立され、政府省庁に付属して事業を独占的に行なう多くの準政府機関を設けて、それらを直接所有した。経済開発庁、公団住宅の建設にあたる住宅開発庁、ガス・水道事業の公益事業庁、中央積立基金、シンガポール港湾局などである。

この中でも一九六一年に設立された経済開発庁は、外資誘致促進機関として、パイオニア・ステータスの決定と融資、工業団地の造成、新規業種の企業化可能性調査などを行なう最も重要な政府機関であり、シンガポール工業化の「頭脳中枢」である。経済開発庁は海外二三ヵ所に事務所を持ち、欧米に限らず、新興国からの投資誘致も熱心に行なっている。

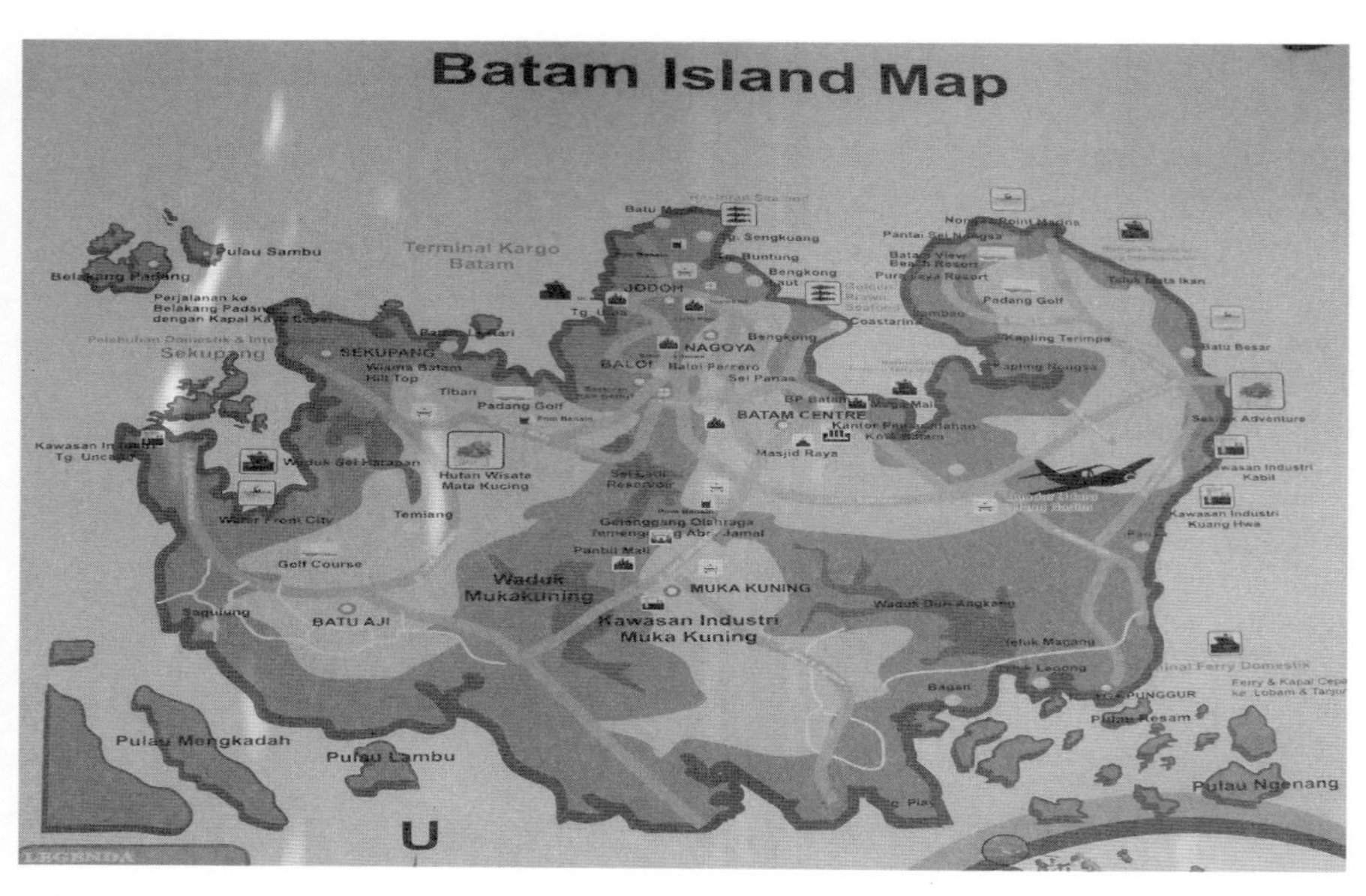

写真60　バタム島の地図。Industriと書かれているのが工業団地。

民間部門における政府の進出も大きい。政府は工業化を促進して雇用を創出するために自ら企業活動に参入し、民間企業と同じように経営している。政府系企業には、政府が一〇〇%出資するものから数十%出資（外資との合弁がほとんど）まで出資比率に差があるものの、ほとんどが大企業で、国防軍事産業から航空機、ハイテク産業まで重要な役割を負っている。財務省管轄下のテマセク・ホールディングスはこれら政府系企業の持ち株会社であり、運用資産総額は二〇一二年三月で一九八〇億シンガポールドルにのぼる。

また、シンガポール政府は、政府の財政黒字や準政府機関の収益金、中央積立基金の一部などを使って海外投資も積極的に行なっている。シンガポール政府投資公社は海外投資のための機関で、東京の汐留シティセンターや品川シーサイドタワーなどの不動産物件に投資していたことで日本でも有名になった。テマセク・ホールディングスもまたアジアを中心に海外の債権や不動産への投資を行なっている。

シンガポールの海外投資の事例の一つが、インドネシアとの政府間プロジェクトであるバタム島の工業団地建設で、シンガポール政府系企業が三〇%、インドネシア側が六〇%を出資して一九八九年から行なわれた。工業団地の完成後、日系企業やアメリカ企業を中心に八〇社が同地に工場を移転・新設し、ジャワ島から若い女性たちが大量に労働者として雇用された（写真60）。

一九九四年にスタートした中国の蘇州工業団地開発も政府間プロジェクトの代表的な事例である。シンガポール側は政府系企業を中心に六〇%を出資、中国は蘇州政府が三五%を出資した合弁会社が設立され、工業団地や住宅地、ショッピングセンターなどが建設された。蘇州プロジェクトは、シンガポール政府主導のインフラストラクチャー開発投資のモデルとなり、その後はベトナム、インド、ミャンマー、フィリピンなどに拡大されていった。

また、ジョホール州（マレーシア）に展開されつつあるイスカンダル開発地域（二五七ページ「7対外関係　マレーシア」参照）にも、テマセク・ホールディングスとマレーシア政府投資会社が共同で開発をしているプロジェクトがある。

表6-3はシンガポールの国別対外直接投資の国・地域別割合である。投資先はASEAN諸国が二二%、中国・香港が二八%などとアジアが過半数を占める。

公的・民間部門での政府系企業を一つの企業集団であるとみなすと、これらはシンガポールにおける最大の企業集団である。

表6-3　シンガポールの国別対外直接投資の国・地域別割合（2012年末）
（単位：対外直接投資残高は億シンガポールドル　構成比は%）

国・地域	対外直接投資残高	構成比
ASEAN	998	21.7
マレーシア	320	7.0
インドネシア	366	8.0
タイ	187	4.1
フィリピン	49	1.1
ミャンマー	37	0.8
ベトナム	32	0.7
中国	912	19.8
香港	388	8.4
EU	603	13.1
アメリカ	91	2.0
インド	94	2.0
台湾	62	1.4
日本	91	2.0
韓国	35	0.8
合計	4,597	100.0

出典：シンガポールジェトロ事務所『シンガポール経済の動向2014年3月1日』。

IT産業

二一世紀の成長戦略

政府は、二一世紀の成長産業として製造業の一分野であるIT（情報通信）産業を最も重視している。金融・サービス業や娯楽産業は、他の東南アジア諸国も精力的に整備・振興を進めている分野で将来の成長は見込めないため、製造業と金融・サービス業の相互連関性に優れるシンガポール経済は、IT産業で比較優位を持つと考えられたからである。

二〇一四年の統計によれば、電子管・半導体や集積回路などのIT製品はシンガポールの輸出製品の約四六％を占めて既に最大の輸出品になり、IBMやヒューレット・パッカードなど世界トップクラスのIT製品メーカーが地域統括本部や国際統括本部をシンガポールに置いているが、政府はこれをさらに振興しようとしている。

外資誘致機関である経済開発庁は「シンガポールの多文化環境とアジアの中心に位置する戦略的ロケーションは、アジア地域の消費者ニーズを把握し、アジア地域向けの新商品を企画、開発するのに最適である」と、シンガポールがハードウェア製造だけでなく、消費者ニーズを組み込むことにも最適な場所であると強調している。

そのための人材育成は積極的に行なわれている。シンガポール政府のマスメディアなどへの規制は厳しいが、インターネットについては二〇〇〇年四月から完全に自由化された。二〇〇九年で人口に対するインターネット普及率は七二・四％で、日本（七五・五％）やイギリス（七六・四％）と大差はない。既に小学校段階からコンピューターを使った授業を開始しているだけでなく、IT能力に優れた移民も積極的に奨励している。経済開発庁は「シンガポールにはIT産業の専門知識を有する人材が一四万三〇〇〇人以上いて、その八三％以上は大学教育以上を受けている」と述べている。

また、二〇一四年からは「スマートネーション構想」が始まった。これは公共輸送の混雑や高齢化など都市共通課題を最新の情報通信メディア技術を活用して解決し、住みやすい暮らしの実現を目指す一〇ヵ年計画の国家戦略で、二〇一五年からはスマートネーションの基盤となるインフラの整備や新しい無線通信技術の実証実験の取り組みが本格化し、高速の次世代国家ブロードバンド網と無線LAN網が全土に構築されることになっている。

スマートネーションに向けての優先分野は、①見守りセンサーなど高齢者の自立支援、②最新技術を用いてバスや鉄道などの運行状況を的確に把握して、公共輸送運行の効率化を図ること、などである。シンガポールで開発したプロトタイプは他国で応用できるため、国内外の起業家や投資家に新技術開発や実証実験への参加を呼びかけている。

二一世紀の優位産業と位置づけるITの振興に向けて、政府はIT化促進を強力に進めている。

地場企業

「シンガポールのビジネス・エリートはアメリカのように政策を決定するほどの強力な存在ではないし、政府に圧力を行使する力もない。パワーエリートの主たる構成要素は官僚と政治エリートであり、専門職エリートが二次的要素になっている」。これは元シンガポール国立大学経営学科教授の論文（一九八八年）からの引用であるが、まさにその指摘通り、シンガポールのビジネス・エリートは影が薄い。その最大の理由は、PAPが地場の資本家を遠ざけ、彼らが輸出指向型工業化に参入できなかったからである。それには経済的および政治的理由があった。

シンガポールの地場資本家のほとんどは華人企業家である。彼らの多くは、戦前に中国などからマラヤ、シンガポールへ裸一貫で移住し、勤勉さと倹約、先見性という個人的資質によって、主にゴムや錫の商人として頭角を現した。彼らはまたシンガポールが東南アジアの金融の中心地になるにつれて、銀行や不動産にも手を広げていった。

しかし彼らは新しい製造業に対する心構えはできていなかったし、経営技術も持っていなかった。彼らは、長期的な利益を考慮せざるを得ない製造業のリスクは、伝統的な商業より大きいと考えたのである。PAPの経済開発や企業振興は、このように製造業への移行に躊躇する地場資本家を飛び越えて、国際資本に頼って行なわれた。製造業に参入する地場資本家はいたが、国際資本との対等の競争を強いられた結果、彼らは国際資本や政府系企業と競合しない分野である商業に閉じこもってしまったのである。

政治的な理由も忘れてはならないだろう。PAP政府が彼らを保護しなかったのは、彼らこそがシンガポールの華語派華人を代表し、華人文化を伝承する中心的存在だったからである。華人企業家は華人団体の役員を兼ねるだけでなく、華語学校を維持するために私財を投じた人々であった。華語の高等教育機関として創設され、一九八〇年に閉鎖された南洋大学を創設したタン・ラークサイ理事長（政府によって市民権を剝奪された）はゴム事業で巨額の富を築いた著名な企業家であった。英語教育を受けたPAP指導者にとって、華人企業家を保護育成することは華語派華人の保護であり、華語と華人文化の保護でもあった。このような政治的対立も、PAPが華人企業家を避けて外資を選択した要因となったのである。

一九七〇年代になってPAP一党支配体制が確立すると、華人企業家の若い世代は政府系企業の経営や運営に積極的に携わり、政府と華人企業家の関係は大きく変わった。しかし、二〇一二年度企業売上ランキングでは、上位一〇〇社のうち七〇社が外資系企業、残り三〇社の地場企業のうち一六社はシンガポール航空や大手通信会社のシンガポール・テレコムなどの政府系企業で、民間の地場企業は一四社だけであった。この一四社のうち七社は、大手銀行グループの華僑銀行と大華銀行とその傘下企業や不動産業など戦前から活動してきた華人企業で、他は外国からシンガポールに事業本体を移したグローバル企業である。

このように地場資本の影が薄いため、シンガポール人には起業家が少なく、世界に通じるような発明品を生み出していないと批判される。選抜主義的なエリート教育では自由な発想が育たないこと、優秀な人材を奨学金によって政府官僚として取り込んでしまうこと、外資や政府系企業が経済を支配しているために、自分で起業しても成功するのは難しいことなどのため、起業家を目指す人材が限られているためである。

リー・クアンユー初代首相は、「シンガポールの企業が成功してもやがて買収される。シンガポールの中小企業にはビル・ゲイツなどのような有能な人々は来ない。一流の才能はシンガポールの中小企業では働かない。シンガポールは人材不足だから、世界的な製造業リーダーを育てる努力はしない」(二〇一一年)と語り、地場の起業家を育てることに全く関心がなかった。政府トップのこのような姿勢も、起業家精神育成を削いでいるのだろう。

しかし、地場企業による発明がまったく皆無ではない。コンピューターの修理会社としてスタートし、音響カードなどの大手製造会社に成長したクリエイティブ・テクノロジーズや、サムドライブを開発したトレック2000インターナショナルなど世界的にも広く知られる製品を開発した企業もある。

二〇一〇年に政府は中小企業振興策を打ち出し、今後一〇年の間に年間売上一億シンガポールドル以上の中小企業を一〇〇〇社育成するとし、そのための大規模な予算を割り当てた。また、大学や技術専門学校での起業家育成を支援するプロジェクトも開始した。二〇一四年からは「スタートアップ」と呼ばれるハイテク関連の起業に対する政府の支援(外国人でも支援が受けられる)が盛んになった。

政府は地場資本家の育成にようやく本腰を入れ始めたのである。

ゴー・ケンスイ(一九一八〜二〇一〇年)

ゴー・ケンスイは一九一八年にマラッカ(マレーシア)に生まれ、シンガポールの名門英語学校アングロ・チャイニーズ・スクールで学び、ラッフルズ・カレッジ(現シンガポール国立大学の前身)を卒業した。卒業後は植民地政府で社会福祉関係の仕事に就いていたが、戦後にロンドン大学経済学部に留学、卒業時には経済学部最優等学生として表彰されるほど優秀な学生として有名であった。その後はロンドン大学大学院で博士号を取得している。

ロンドンではマラヤおよびシンガポールからの留学生を集めて「マラヤン・フォーラム」を組織、マラヤの独立や共産主義について議論を交わした。リー・クアンユーもこのフォーラムに参加し、多くの留学生との親交を深めていった。ゴーは一九五一年に帰国すると植民地政府の社会福祉調査主任になった。仕事の傍ら、リー・クアンユーとともにPAP結成準備に尽力したが、公務員であったために党の創設メンバーには名を連ねていない。

ゴーは一九五九年五月の総選挙に立候補、当選するとすぐに蔵相に任命された(一九六五年まで)。もっとも、この時期の彼の蔵相としての手腕はほとんど生かされることはなかった。この時期は、シンガポールが内政自治領となり、さらに新連邦マレーシアの一州となることで独立を獲得したものの、すぐに新連邦から分離するという政治的変動の時期で、蔵相として彼が提案した経済政策はことごとく連邦政府の反対にあったからである。

彼は、一九九六年のインタビューの中で、この時の失望とともに、かなり早い時期(一九六五年初頭)から連邦とシンガポールの関係を今後どうするのかという協議がシンガポールと連邦政府首脳との間で行なわれていたこと、最終的な解決案として「シンガポールの分離」を連邦政府の政治指導者に提案したのは自分であること、イギリスがシンガポール分離に強く反対していたので、六五年七月の最終交渉はイギリスに知らせずに行なわれたことなどを語っている。最終交渉はほとんどゴーとリー・クアンユーの二人が連邦政府と行ない、シンガポールの他の閣僚は全く知らなかったようである。分離の決定は七月末に他の閣僚に伝えられた。

ただ、この分離・独立に至る交渉過程やイギリスの関

シンガポールの10人

わりについての詳細はまだ明らかにされていない。ゴーはインタビューで、極秘ファイル「アルバトロス」に交渉過程の詳細が収められているが、今は詳しく話せないとも述べている。

独立後のゴーは国防相（一九六五〜六七年、七〇〜七九年）、蔵相（六七〜七〇年）、七三年からは副首相も兼任、八〇〜八三年は第一副首相兼教育相を務めた。国防相として国軍の基礎を作り上げたことや、教育相として現在のエリート主義的な選抜教育制度を作り上げるための報告書を書いたなど、功績は数多い。

さらに、ゴーはシンガポールの工業化計画の策定と実施、経済開発庁とジュロン工業団地、政府投資公社創設などに主導的役割を果たした。一九六〇年代初頭に沼地だったシンガポール西部のジュロンに工業団地を造成しようという計画は、当初は荒唐無稽ではないかと心配された。だが、投資環境整備とともに外資系企業の進出が相次ぎ、シンガポール工業化の象徴という存在になった。

ゴーの立場について、「独立後のシンガポール経済の急成長は、ほとんど彼が計画してきたものである。ゆえにマスメディアは、ゴーをもじって前進命令氏（ドクター・ゴーアヘッド）と呼んだ。リー・クアンユーは、彼を経済学者としてのみならず片腕として全幅の信頼を置き、任せている」と言われていた。

一九八三年に彼は膀胱ガンに侵され、政治の第一線を退いた。晩年はほとんど寝たきりだった。

写真61　ゴー・ケンスイ。

7 対外関係

国際社会での発言力を持たない小国ゆえに、シンガポールの外交政策は現実的で実用的である。独立直後から、政治体制に関わりなく多くの国との友好、協力、通商関係の拡大を熱心に進め、また、一つの大国に政治的に経済的に大きく依存することを避け、国際情勢をにらみながら、複数の大国とバランスを取りながら付き合おうとしている。

マレーシア
共存と競争という愛憎の仲

二つのコーズウェイ・リンク（連絡橋）で接するシンガポールとマレーシアは、共存と競争という複雑な関係にある。シンガポールにとってマレーシアは重要な貿易相手である（一七二ページ表7-1参照）。二〇一四年で全貿易額の一一・三％を占めて第二位であるばかりでなく、主要な投資先であり、日々の食糧や水の供給も受けるという密接な経済関係にある。経済ばかりではなく、親戚や家族が互いにそれぞれの国で暮らしていることも稀ではない。

しかしながら、分離・独立に至る摩擦によって、マレーシアはシンガポールにとって「仮想敵」となり、両国間の協力は絶望的であった。このような関係が好転するのは、一九七〇年代に入ってからである。ASEANが米中和解などの国際情勢の変化によって団結と協力を深化させ、シンガポールの対マレーシア関係も大きく変わった。一九七二年三月、リー・クアンユー首相は分離後初めてマレーシアを公式訪問した。

もっとも、その後両国間で基本的な信頼関係が築き上げられたとは言えない。

両国間の不和の原因の第一は、分離・独立の要因となった「マレー系優遇政策」をめぐる激しい対立のわだかまりである。一九八〇年からマレーシア首相となったマハティール（二〇〇三年に辞任）は、一九六〇年代前半は「マレー過激派」と呼ばれた若き連邦議会議員の一人で、マレーシアの国家原理に異を唱えるPAPを激しく非難した。当時の確執はけっして過去のことだけではなく、リー・クアンユーは一九九六年に再統合の可能性について質問され、「もしマレーシアがシンガポールと同様に能力主義を採用し、マレー系優遇政策をやめるなら、再統合はあり得る」と発言した。これは再統合を視野に入れた発言ではなく、六五年当時と考えは変わらないことを述べただけであったが、マレーシアから強い反発があった。

第二は経済的競合関係で、分離後の両国は通貨や航空会社、証券取引所などを分離させ、互いに経済的に競った。ただ、能力主義社会を掲げたシンガポールが分離後に急速に経済発展し、今やシンガポールの一人あたり所得はマレーシアの六倍となったため、シンガポール政府

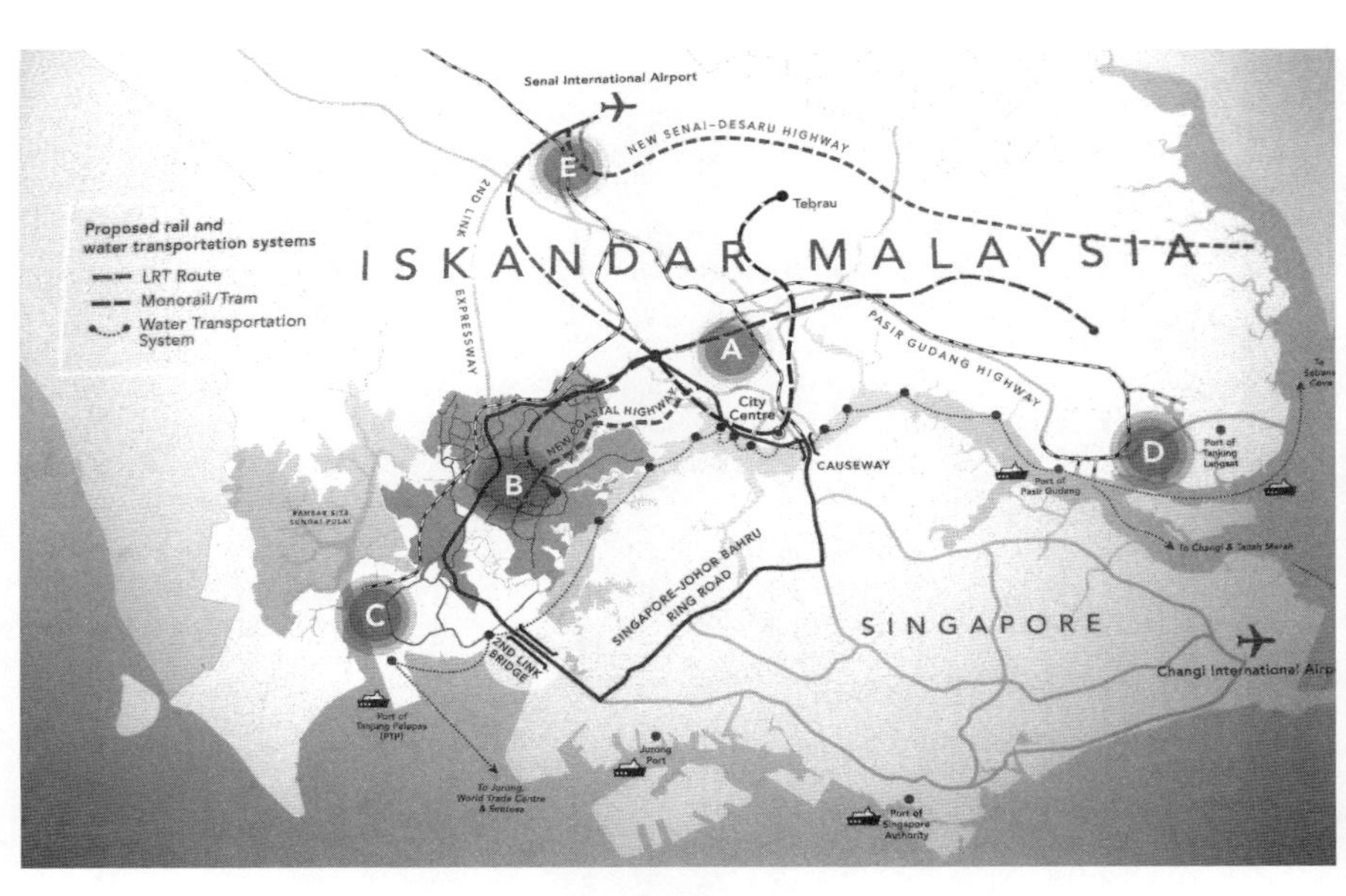

写真62　イスカンダル計画の5つの地区。全体の完成予定は2025年。

閣僚がマレーシアを見下す発言を繰り返し、経済的競合関係は感情的な対立にもつながった。

第三は水問題である。国内に十分な水源がないシンガポールは対岸のジョホール州の水に依存してきた。そのため、両国間に問題が起こるとマレーシア側は水の供給停止や料金引き上げを示唆、両国間の感情的な対立をますます激化させてきた。ただ、シンガポールは下水の再利用と海水の淡水化のための技術開発に取り組み、二〇六一年までに水の自給自足が可能という見通しをつけたため、水問題を解決しつつある。

リー・クアンユーとマハティールという分離・独立を体験した第一世代の政治家が第一線から退いた二〇〇〇年代になって、ようやく友好関係構築が図られつつある。経済のグローバル化によって東南アジアへの投資が減少する不安も、両国関係の強化を後押しした。

両国の関係が良好になったことを最も顕著に示しているのが、ジョホール州の「イスカンダル開発計画」であろう。これはマレーシア政府による地方開発の一つで、シンガポールの国土面積の三倍の広さを持つ広大なイスカンダル地域に、シンガポール政府との共同開発プロジエクト、オーストラリアや中国などの民間資本による開発プロジェクトなど数多くの案件が入っている。イスカンダルは五つの地区に分けられ、州都ジョホールバルを中心とするA地区は金融や商業関連の施設や資本が集中するビジネス区、B地区は新行政地区および教育機関や高級住宅、リゾート関連施設の集中区、C地区は港湾関連施設、D地区は物流センター、E地区はハイテクパークとなる予定である（写真62）。

シンガポール政府は、本部機能をシンガポールに残して工場をイスカンダル地区に移転することを企業に奨励している。不動産価格が高いシンガポールを離れて安価でゆったりした住宅を求めるシンガポール人やシンガポールで暮らす外国人が、B地区の住宅エリアの物件を購入している。

このようにシンガポールにとってイスカンダル計画への投資は、ジョホール南部をシンガポールの後背地にするという「国境拡大計画」と言っても過言ではないのであるが、両国政府の協力姿勢ゆえに民間投資は勢いづいている。イスカンダル計画は両国がようやく共存・補完関係に入ったことを象徴している。

インドネシア

東南アジアと自国の安定の要

マレーシアとの関係では二〇〇〇年代まで常に問題を抱えたが、対インドネシア関係は対照的に良好な関係を維持してきた。それは面積も人口も東南アジア最大のインドネシアに比べてシンガポールは「点」でしかなく、インドネシアには恭順せざるを得ないからである。

もっとも、独立後の対インドネシア政策は、「対決政策」（インドネシア大統領スカルノがマレーシア連邦結成に反対して、武力でマレーシア構想を粉砕しようとした政策）を推進したスカルノが新大統領スハルトに代わっても、その「後遺症」でぎくしゃくしていた。対決政策中の一九六四年にオーチャード・ストリートのビルを爆破したインドネシア海兵隊員二人を、インドネシアとマレーシア政府からの減刑要請にもかかわらず、シンガポールが一九六八年に処刑したことが、その大きな要因である（写真63）。シンガポールにとってこの処刑は、独立したばかりの小国であってもインドネシアと対等な国家であることを内外に示すために重要であった。

写真63　爆破されたマクドナルドハウス・ビルの前に立つ犠牲者慰霊碑。爆破で3人が死亡し33人が負傷した。

リー・クアンユー首相のインドネシア公式訪問は、独立から八年も経った一九七三年五月であった。彼は到着の朝に海兵隊員二人が眠るインドネシア軍英雄墓地を訪れ、墓に花を手向けた。この行為をインドネシアは「謝罪」と見なし、リーはスハルト大統領との直接対話を許されたのである。リーは他の政府要人も通訳も入れずにスハルトと二人だけで対談、「その席でスハルトは政治的安定と開発、対ASEAN政策や対中政策を自分に話した。私はスハルトが自分と同じ考えを持っていること、彼との友好関係がシンガポールの国益にかなうことを認識した」（リーの回顧録より）。

この会談の直後から両国の友好関係は緊密となり、翌年（一九七四年）三月にスハルトはシンガポールを訪問して技術・経済協力協定を締結、友好関係をアピールした。シンガポールの対インドネシア投資は活発化し、経済関係は深化していった。一九八〇年代になると、防衛協力も進展、スマトラ島での両国の空軍の合同訓練が始まり、合同軍事演習も行なわれるようになった。一九九七年のアジア経済危機でインドネシア経済が破綻すると、シンガポールは一国としては最高額の五〇億米ドルを援助した。シンガポールのような小国が多額の支援を行なうのは異例である。インドネシア経済の破綻がシンガポールに及ぼす影響の大きさを考慮した援助であった。

もっとも、このようなインドネシアとの緊密な関係は、対マレーシア関係への牽制でもあるだろう。シンガポールにとって、インドネシアとマレーシアが協力してシンガポールに何かを迫るような事態は何としても避けたい。対インドネシア関係を良好なものにすることで、シンガポールとマレーシアとの軋轢や紛争にインドネシアが介入することを抑えてきたと言えよう。

一九九八年にスハルトが大統領を辞任して政治家どうしの親密な関係はなくなったが、シンガポールの対インドネシア関係には大きな変化はない。二〇一三年でシンガポールはインドネシアにとって輸出では第三位、輸入では第二位の貿易相手であり、最大の対インドネシア投資を行なっている国である。

中国
「国内に残る中国」との葛藤

シンガポールは、独立直後から外交においては中国、台湾のどちらとも国交を結ばず、政治面での接触を避け、貿易を中心に実利的な関係を拡大するという政経分離政策を進めた。貿易は順調に拡大し、中国銀行の他に中国の百貨店も一九六七年からシンガポールで営業を始めたが、近隣諸国や華人の祖国中国への感情を配慮して、銀行や百貨店のスタッフを中国から派遣することは認めなかった。

一九七六年にリー首相は「目的は国交樹立ではなく、逆にそれはまだ先のことである点を明らかにし、シンガポールを対等の外国と認めさせ、シンガポールさらにはASEAN諸国全体が中国に対して今後も一定の距離を保つことを示すために」、初の中国公式訪問を行なった。シンガポールを「親戚国」として親近感を持って接近を図る中国に対して、リーは親近感を打ち消す言動に終始し、中国とは全く違う主権国家である事実を中国に認識するよう迫った。彼は、訪問中は一言も華語を使わずに英語で通したという。

さらに帰国後、異なる国家であることを示すために、中国銀行などのスタッフの中国からの派遣を認め、さらに「中国を訪問する者は中国人が国家建設のために無限の努力と犠牲を払ったことに感嘆する。しかしその対価は高い。自立の精神は中国に痛ましいほどの遅い成長率を科している。これはシンガポールのような近代的工業都市には全く不適切なものである。中国を訪れるシンガポール人は、シンガポールに生まれてよかったと思うに違いない」という談話を発表、シンガポールが経済成長を達成した優れた近代国家であることを示し、同時に華人に残る親中国感情に冷水を浴びせた。

しかし、このような対中姿勢も中国の改革開放政策の進展や冷戦の終結などによって変化し、中国を仮想敵国とみなしてきたインドネシアが中国と国交を樹立するのを見届けて、一九九〇年一〇月にASEAN諸国の中で最後に対中国交樹立を行なった。ただ、樹立の調印は、国民感情と近隣諸国に配慮して、外相どうしが国連総会出席のためニューヨーク滞在中に行なうという、めだたない調印であった。

国交樹立後は、「蘇州工業団地」を両政府間で共同開発するなど両国の経済関係は緊密化した。中国も、シンガポールが一党支配を維持しつつ経済成長を遂げたことを「シンガポールモデル」として中国の国家建設に利用したいという意図もあって、シンガポールとの経済協力に積極的である。二〇〇八年には両国は自由貿易協定を締結、経済関係はますます密接になり、第二の政府間プロジェクトとして「天津エコシティ」が始まっている。二〇一五年の最新統計では中国は最大の貿易相手国で、シンガポールは中国への第一位の投資国となった。

中国からシンガポールへの新移民も急増した。シンガポール政府は華人女性の出生率が非華人に比べて低いため、華人人口が相対的に減少している（一九九〇年は七七・八％、二〇一四年は七四・二％）ことを考慮し、中国人の高度人材だけでなくサービス業に従事する人材も大量に受け入れている。華人が多数を占める現在の人口構成を維持するためである。加えて、「正しい標準中国語の話者を増やすため」とも言われている。

政府は新移民の出身国別統計を公表していないが、シンガポールに長期滞在する中国人は一九九〇年から二〇〇九年までに約五〇～六〇万人増加し、現在では一〇〇万人を超えたのではないかとまで推定されている。中国人新移民はビジネスマンや技術者だけでなく、俳優や卓球などのスポーツ選手と幅広く、英語教育の普及によって落ちた華語能力を補うために、華字紙などメディア、華語教員など教育機関にも拡大している。

ただ、急激に増加している中国人に対してシンガポール華人の反発はとても強い。父母あるいは祖父母が中国から移民してきた移民二世・三世である華人が、ルーツを同じくする中国人に反発するのは不思議な気もする。しかし、英語で教育を受けた若い華人は、英語が理解できない中国新移民と十分な対話ができない。また、新移民の中には、シンガポールを「親戚国」のように見なしてシンガポールの文化や慣習を尊重しない者もいることや、シンガポールの華語を標準中国語とは発音が異なるために馬鹿にする者もいることなどが反発を強めている原因である。

二〇一二年二月には、シンガポール国立大学の中国人留学生が不快な思いをさせられたシンガポール人男性のことをフェイスブックで「犬」と形容したことが、ネットを通じて広まった。その留学生がシンガポール政府奨学金留学生だったため、外国人が地元学生よりも優遇されるのかなど、ネット上には中国人新移民への不満の書き込みが溢れた。

同年五月には中国人実業家が運転する高級車がタクシーと衝突、実業家とタクシー運転手、その乗客が死亡した。衝突の様子をたまたま近くにいた別のタクシー運転手が撮影、交通規制を無視して猛スピードで暴走する高級車の様子は、法律を尊重しない中国人という不満を裏付けることになり、中国大使館が遺憾の意を発表するという異例の事態になった。

ただ、中国新移民へのこのような反発は、シンガポール華人がもはや親中国感情を抱いていないことを意味し、「国内に残る中国」という懸念はもはや払拭されたと言える。しかし、今度は巨大な経済大国になりつつある中国との関係、大量の中国新移民と国民の交流という新たな課題に向き合わなければならない。

アメリカ
経済と安全保障を依存

シンガポールは一九六五年の独立直後の一時期、非同盟中立外交を掲げるだけでなく、極端な反米感情をあらわにしたことがあった。六五年八月末、シンガポール政府は、六〇年にアメリカの中央情報局（CIA）員がシンガポール政府役人を買収して秘密情報を入手しようとした事実があることを暴露した。アメリカがこれを否定すると、シンガポールは米国務長官署名入りの謝罪の手紙と、これをもみ消すためにアメリカが経済援助を申し出たことも暴露し、リー首相は「アメリカはアジアの指導者を理解するのに必要な経験と英知に欠けている」と発言したのである。このような暴露や発言は、マレーシアから分離独立したばかりのシンガポールが新興のアジア・アフリカ諸国の支持を得るためであった。

しかし、シンガポールの安全保障の要であった駐留イギリス軍が一九六六年二月に撤退を発表すると、シンガポールはアメリカの東南アジアでの軍事行動を全面的に支持し、また経済関係を強化するようになる。同年六月には、当時の南ベトナム駐留米軍が破損艦船や航空機の修理・補修のためにシンガポール軍基地を使用することを許可した。また、シンガポールから南ベトナムへの石油および石油製品の大量輸出を決定し、シンガポール経済は戦争特需で大きく潤うことになった。

一九六七年一〇月にリー首相は初めてアメリカを訪問、「両国関係の緊密化を約束する」共同声明を発表した後、シンガポールへの投資を求める演説をアメリカ各地で行なった。彼の訪問と前後して、シンガポールの外資誘致促進機関である経済開発庁の海外事務所がニューヨーク、シカゴなどに設立されたのである。

以来今日まで、シンガポールにとってアメリカは重要な経済のパートナーである。二〇一四年でアメリカはシンガポールにとって第三位の貿易相手国であり、製造業部門への投資ではアメリカが第一位である。

シンガポールはまたアメリカを、東アジアおよび東南アジアの秩序を保ってくれる国であり、小国シンガポールの安全保障に欠かすことのできない存在と考えている。一九九〇年にフィリピンから米軍が撤退すると、シンガポールは自国の港湾を米軍に利用させると申し出た。また一九九八年、他のASEAN諸国と事前協議なく自国の海軍基地に米空母や戦艦の寄港を認め、二〇〇一年三月には米空母キティホークなど大規模艦隊が相次いで入港した。これは、アジア経済危機後の近隣諸国の政治的社会的不安定を懸念したものと言われている。

二〇〇五年七月には安全保障でアメリカとシンガポールが多方面の協力をするという協定を結び、二〇一二年から両国は定期的な戦略対話も開始、両国が重要な安全保障のパートナーであることを確認している。

しかしながらシンガポールは、政治体制や社会価値に対してアメリカが干渉することは断固として拒んでいる。一九九三年の「マイケル・フェイ事件」はシンガポールがアメリカ的価値観を拒んだ事件として有名である。シンガポールに住む一八歳のアメリカ人ら数人の外国人少年が駐車中の車六〇台以上を壊したり、道路標識を破損させたりした罪で有罪となり、マイケル・フェイは罰金三五〇〇シンガポールドル、禁固四ヵ月、鞭打ち六回が言い渡された。シンガポールでは鞭打ちはけっして珍しい刑ではない。彼のような私物・公共物の破損だけではなく、許可なく銃を保持する者、強盗や暴行にも鞭打ち刑は適用される（ただし、男性のみ）。

しかしながら、この判決に対してアメリカは猛反発した。マスコミは「鞭打ちは拷問であり人権侵害である」として、シンガポールに進出している米企業や在シンガポールのアメリカ人に抗議の声を挙げるよう連日キャンペーンを行ない、クリントン大統領が「犯した犯罪に比べて刑が重過ぎる」と発言してシンガポール大統領に刑の軽減を願う手紙を送ったことで、事態は深刻な国際問題となった。しかし、シンガポールは「社会の長期的利益の方が個人の利益に優先する。社会の安定と秩序の確立こそが重要」（ゴー・チョクトン首相）として、鞭打ちの回数を六回から四回に減らして執行した。

このようにシンガポールは、アメリカを経済の重要なパートナーであり、東南アジア安定と自国の安全保障の要と見なしているものの、政治制度や社会的価値ではアメリカの干渉を排除する姿勢を貫いていると言えよう。もっとも、アメリカがシンガポールの抑圧的な政治体制を批判することはない。シンガポールが経済的に開かれ、アメリカにとっての重要な経済パートナーだからである。

日本
「親日」は変わる？

　戦後の日本とシンガポールの関係は、日本軍政時代の華人虐殺や強制労働に対する戦争裁判で始まった。この裁判は一九四七年二月に終了し、被告七人は全員有罪（二人死刑、五人無期懲役）となった。だが、大量虐殺の犠牲者を出した華人社会はこの裁判に不満で、裁判のやり直しをイギリスに迫ったが、当時のイギリスは労働運動や学生運動、マラヤ共産党の武装蜂起への対応に追われ、華人社会の要求を相手にしなかった。華人社会は独自に調査委員会を立ち上げて犠牲者の調査と賠償要求を行なったものの、マラヤとシンガポールの混乱する政治情勢の中で賠償要求はかき消されてしまった。一九五〇年代に日本の大手銀行や商社がシンガポールに復帰し、日本の経済復興に伴って対日経済関係が拡大したことも、華人社会の賠償要求を鈍らせた。

　だが、一九六二年初頭にシンガポール島東部で大量の人骨が発見され、対日賠償要求は「血債問題」として再び大きな運動となる。六二年八月には「虐殺の真相究明と犠牲者の調査、日本による賠償」を求める一〇万人の反日大集会が行なわれた。集まった人々は「真相究明と賠償が行なわれるまでは日本製品を買わない、日本人を入国させない」と涙ながらに叫んだという。この「血債問題」を抑えこんだのがＰＡＰ政府であった。まだ自治領だった当時、ＰＡＰ政府は隣国マラヤ連邦への統合（新連邦マレーシア結成）による独立を最重要課題とし、また工業化推進のために日本との協力を進めたいと考えていたからである。

　さらに、一九六五年独立直後の経済的に不安定なシンガポールにとって、日本との経済関係の強化は不可欠となった。政府は「血債問題」の決着を急ぎ、六六年に五〇〇〇万マレーシアドルの援助と引き換えにこの問題を終結させた（調印は一九六七年）。

　一九六七年には犠牲者慰霊塔を市の中心部に建立、遺族の反日感情を慰撫したものの、公的な犠牲者調査は行なわず、慰霊塔に犠牲者の名前はない（写真64）。この後にも犠牲者のものではないかという人骨が発見されたが、政府は不問に付した。

　一九七〇年に日本の皇太子夫妻（現天皇ご夫妻）がシン

写真64 犠牲者慰霊塔。

ガポールを訪問、リー・クアンユー首相はお二人を開発の進むジュロン工業地帯に自ら案内するなど、最大級の歓迎をした。日本とのより深い経済関係構築をめざしたのである。一九七〇年代には日本は欧米を抜いて最大の投資国、貿易国となった。

リー首相は一貫して親日政策を採って、投資や観光誘致の環境整備に取り組み、一九七〇年代後半は「日本に学ぶ運動」を展開して日本人の職業倫理（転職をせずに各自の仕事を天職と考えて打ち込む）を学ぶように国民に訴えた。同時に、日本式経営や企業別組合、警察が地域に密着する交番制度など、日本独特の制度の採用を試み、企業別組合や交番はシンガポールに定着していった。また、シンガポール国立大学に日本研究学科を設立し、若い世代に日本語や日本文化を学ぶことを奨励した。

ただ、シンガポールは日本が単独でアジアにおいて政治的に主導的な地位を占めることには慎重な見方をし、日本は日米協力の枠内で行動するように求めている。リーのような独立第一世代には、日本軍政の生々しい記憶が残っているからである。

一九八〇年代になると、日本軍政を知らない戦後世代が増えて反日感情は和らいだ。若い世代は日本のポップカルチャーを無条件に受け入れ、アニメやゲームは一九八〇年代に浸透、一九九〇年代後半から二〇〇〇年にはTVドラマ、Jポップ、サンリオ商品や映画が日本のポップカルチャー・ブームを作り上げた。寿司やお好み焼き、天婦羅などの日本食もシンガポール人に受け入れられた。日本のラーメン店や書店（写真65）も数多く進出している。

一九九三年、シンガポール国立大学社会学者が、若い華人の多くが日本人や白人になりたがっているという調査結果を公表した。高校生や大学生の調査対象者のうち一二パーセントが白人に、一〇パーセントが日本人にな

写真65　シンガポールに進出している日本の大型書店。

りたいと回答したという。「シンガポール文化」と呼べるものがなく、文化的な自尊心の危機を多くのシンガポール人が感じていることや、若い世代に食生活も含めて日本のポップカルチャーが浸透していることがこの結果の背景にあると考えられるものの、日本軍政時代を記憶している世代は驚愕した。「常に未来を見て進む」という政府の方針ゆえ、独立直後から八〇年代前半までシンガポールの学校では歴史教育はほとんど行なわれなかった。この時期に子ども時代を過ごした世代には日本軍政の歴史を知らない人も多いから、素直に「日本人になりたい」と回答したのだろう。

ただ、これからはシンガポール人の親日感情が少しずつ変わっていくように思われる。その背景には、第一に、日本の経済的プレゼンスが相対的に後退しているため政府が以前のように親日政策を採る必要がなくなっていることがあげられる。

シンガポールと日本は二〇〇二年に自由貿易協定を締結して、両国関係は新たな時代に入ったと言われた。しかし、二〇一四年のシンガポール貿易全体に占める日本の割合はわずか四・八%で、これは一九九〇年の約三分

写真66 2012年犠牲者慰霊祭。

の一である。日本に代わって中国が北東アジア最大の貿易相手国として台頭している。製造業への日本からの投資も二〇〇〇年には一四・四%を占めたが、二〇一〇年には九・一%となり、代わって中国からの投資が激増している。

一方、日本にとってシンガポールは製造拠点としてだけではなく、東南アジア全体を視野に入れた市場としての魅力も高まり、日本にとってのシンガポールのプレゼンスは大きくなっている。小売店や飲食店、そして新規進出する日系企業をサポートするコンサルタント業や会計事務所、法律事務所などのサービス系産業の進出は二〇一〇年以降顕著で、日本大使館に登録された在留邦人は二〇一三年で三万一〇〇〇人を超えた。

第二には、一九八〇年代に歴史教育が復活して日本軍政時代の苦難の歴史が繰り返し語られるようになったことがある。歴史教育の復活は、若い世代に苦難の歴史と貧しかった時代のシンガポールを理解させようという愛国心教育の一環であるが、「シンガポール人」であることに誇りを持ちたいという若い世代は、積極的にこれに応じ始めている。冷戦が終わって、これまで語られなかっ

写真67　慰霊祭に参加する小・中学生。

たマラヤ共産党の軍政時代の活動が少しずつ評価されるようになったことも大きいだろう。

毎年二月一五日（シンガポールが日本軍に陥落した日）に日本占領期犠牲者慰霊祭（写真66）が慰霊塔の前で行なわれているが、近年は小中学校に呼びかけて生徒を多数参加させるようになった（写真67）。また、抗日戦争中の中国にビルマ経由で物資を運ぶためにトラックの運転手となったシンガポール人（「南洋ボランティア」と呼ばれた）の歴史が詳細に調査され、二〇一一年にはドキュメンタリー映画が作られ、四回行なわれた試写会はどの回も満席だった。映画はロンドンの戦争映画際でも上映され、好評だったという。

シンガポール最大の苦難に責任があるはずの日本人がシンガポールの苦難の歴史を何も知らないという状況が続けば、これまで親日だったシンガポール人が少しずつ日本から離れていく時代が来るのではないだろうか。

ASEAN
小国シンガポールが対等に発言できる外交の場

一九六七年八月、インドネシア、マレーシア、フィリピン、タイ、シンガポールを加盟国としてASEANが結成された時、シンガポールは加盟に重要な意義を見出していた（写真68）。

第一に、独立国家としての地位が国際的に認められることになる、第二に東南アジアの国家ばかりで構成される地域協力機構に加盟することは「東南アジアの一員」という立場を明確にすることになる、第三に、東南アジア諸国との友好関係を構築することで、極東イギリス軍撤退後の安全保障の不安を少しでも小さくしたい、という考えである。

当時のシンガポールは、華人が多数を占めることから「第三の中国」と見なされて、マレー系が多数を占めるインドネシアやマレーシアから中国との関連で警戒されていた。分離・独立に至る摩擦によってマレーシアとの関係は絶望的になっていたことに加え、駐留していたイギリス軍の撤退は、経済的にも軍事的にも大きな打撃となった。ASEAN設立の動きが活発となるのはこのような時期であり、シンガポールはASEAN加盟によって脆弱な都市国家生き残りの可能性を少しでも確保しようとしたのである。

もっとも、加盟すること自体に大きな意義を見出していたとはいえ、シンガポールはASEAN経済協力に期待していた。しかし、具体的な経済協力のプロジェクトをも設立宣言に入れるというシンガポールの要求は他の四ヵ国によって拒否された。当時の東南アジアをめぐる国際情勢の下、ASEAN設立の真の目的は加盟国間の紛争の平和的解決と友好関係の構築、それによる地域の政治的社会的安定であり、経済構造がよく似た（シンガポール以外の）四ヵ国は経済協力を行なう意思はほとんどなかった。設立宣言に謳われた「経済協力の推進」は、お題目でしかなかった。

だが、経済協力の停滞を差し引いても、シンガポールにとってASEAN加盟国であるというメリットは大きなものであった。マレーシアとインドネシアとの関係を維持するためにも、またシンガポールにとって重要度の低いタイやフィリピンとの接触を保つためにも、毎年開

写真68　ASEAN設立宣言に調印を終えた5人の外相(右端がシンガポールのラジャラトナム外相)。

催されるＡＳＥＡＮ各種委員会や会議の存在は大きいし、そこで他の四ヵ国と対等な立場で議論できることの意味は大きかったはずである。

また、ＡＳＥＡＮが一九七〇年代後半から域外先進国との安定的な政治関係と経済関係、安全保障体制を構築しようとしたことは、ＡＳＥＡＮを通して自国の「国益」を確保できるため、シンガポールにとってＡＳＥＡＮの重要性は高まった。

さらに、冷戦の終結はＡＳＥＡＮに大きな転機となった。経済のグローバル化が各地域の競争を激化させるなかで、ＡＳＥＡＮはＡＳＥＡＮ地域の魅力を高めなければならなったからである。ＡＳＥＡＮは一九九二年に「シンガポール宣言」を採択、ポスト冷戦時代の存在意義の確立をめざして、より高い次元の政治・経済協力を進めるための第一歩を踏み出した。ＡＳＥＡＮ自由貿易地帯を一五年以内に創設するという合意である。ＡＳＥＡＮ自由貿易地帯は、当時のＡＳＥＡＮ加盟六ヵ国（一九八四年にブルネイが加盟した）の域内関税を原則五％以下に引き下げるというもので、関税の撤廃ではなかったが、画期的な計画であった。

表7-1 シンガポールの主要貿易相手国（地域）の変化（輸入と輸出の合計）

（単位：%）

	1967年	1980年	1990年	2000年	2014年
東南アジア	37.0%	18.2%	18.8%	25.7%	26.2%
（マレーシア）	(27.4%)	(14.4%)	(13.3%)	(17.6%)	(11.3%)
（インドネシア）	n.a	n.a	n.a	n.a	(7.4%)
北東アジア	19.3%	21.5%	24.6%	25.8%	34.3%
（日本）	(8.9%)	(13.5%)	(14.9%)	(12.3%)	(4.8%)
（中国）	(6.1%)	(2.1%)	(2.5%)	(4.6%)	(12.4%)
（香港）	(3.1%)	(4.6%)	(4.7%)	(5.9%)	(6.2%)
ヨーロッパ*	14.8%	14.1%	16.2%	14.5%	9.6%
アメリカ	6.2%	13.5%	18.5%	16.2%	8.8%

出典：*Singapore Yearbook of Statistics* 各年版より算出。なお、対インドネシア貿易は1964年から2003年まで公表されなかった。

＊ヨーロッパとは、1967、80年はフランス、西ドイツ、イタリア、オランダ、スイス、イギリス、90年以降はフランス、ドイツ、イタリア、オランダ、スイス、イギリス、2014年度にはこの6ヵ国にスウェーデンが加わって7ヵ国となっている。

シンガポールはこのような経済協力を大きな利益とみなした。自由貿易地帯創設によって、他のASEAN諸国の市場や労働力、天然資源が利用できるからである。ASEAN自由貿易地帯完成は二〇〇八年とされたが、計画は前倒しされて二〇〇三年に完成した。

表7-1はシンガポールの主要貿易相手国（地域）の変化を示している。ASEAN結成の一九六七年は、全貿易の三七%を対東南アジア諸国が占めていたが、その比率は八〇年にはほぼ半分となり、日本やアメリカの比率が高まったことがわかる。一九六〇年代後半から七〇年代の近隣諸国との不安定な関係はシンガポールを東南アジアから遠ざけ、東アジアや欧米に貿易相手を求めた結果であり、二〇〇〇年以降また復活しているのはASEAN経済協力の効用である。

ASEAN自由貿易地帯が完成したとはいえ、ASEAN域内貿易は二〇一〇年で二五%とまだそれほど大きくない。ただ、域内貿易の九〇%はシンガポールとインドネシア、シンガポールとマレーシアとの間で行なわれており、域内貿易で最も利益を上げているのはシンガポールである。

ベトナムが一九九五年、ラオスとミャンマーが九七年、九九年にカンボジアが加盟して、ASEANは一〇ヵ国となり、二〇〇〇年にはASEAN共同体（政治・安全保障共同体、経済共同体、社会文化共同体）構築に向けた議論を開始し、結成四〇年を迎えた二〇〇七年にASEANの法的枠組みや規定を示したASEAN憲章を採択した。

写真69　ASEAN首相会議で演説するリー・クアンユー首相(1987年)、右上は当時のASEANのロゴ・マーク。

しかし、ＡＳＥＡＮがＥＵ（ヨーロッパ連合）のように国家主権の一部放棄を前提とする共同体になるにはあまりに多くの障害がある。とりわけいまだに抑圧的な政治体制を持つシンガポールが、国家主権の放棄に同意するとは思われない。シンガポールはＡＳＥＡＮの団結を保ちながら、域内協力を積極的に進め、かつＡＳＥＡＮが域外諸国との安定的な政治関係と経済関係、安全保障体制を構築することに協力していくであろう（写真69）。

リー・シェンロン（一九五二年〜）

リー・クアンユーの長男シェンロンは一九五二年に生まれた。彼には妹と弟がいる。英語教育を受けた両親は家庭ではほとんど英語で話す。しかし、両親は子どもたちを皆華語学校に通わせた。その理由をクアンユーは「（華人としての）哲学と思想・文化体系を学んでほしかったから」と語っている。

同時に、父は三人にマレー語の家庭教師を付けて、マレー語も習得させた。この時にシェンロンが習得したマレー語能力、英語および華語能力は他の政治家の追随を許さず、多言語・多文化社会シンガポールにおいて彼の政治家としての地位を揺るぎないものとする一因となった。さらに、父は自宅に訪ねてきた様々な人を幼いシェンロンに紹介するだけでなく、議論を見学させ、政治教育も行なった。

シェンロンは華語の中等教育を修了後に新設の国立ジュニア・カレッジ（英語）に進学して、卒業時には最も名誉ある大統領奨学金を獲得した。卒業後、すぐにシンガポール国軍に入隊し、国軍奨学金も獲得した。この二つの奨学金で、シェンロンは両親の母校でもあるケンブリッジ大学で学び、最優秀の成績でコンピューター工学の学位を取って一九七四年に卒業した。さらに、一九七九年にはハーバード大学ケネディ・スクールで行政学を学んでから軍隊に復帰、一九八四年の政界入り直前には准将として国軍内の序列第三位であった。

シェンロンは一九八四年九月に軍人を辞めて、ＰＡＰ新人候補として立候補して当選した。直後の一九八五年一月、彼は新設の国防担当国務大臣と通商担当の国務大臣に任命された。さらに彼が脚光を浴びるのは、一九八六年に経済不況打開のための経済委員会委員長に任命されてからである。最終報告が出されるまでの間、委員会の活動状況は逐次新聞に報道され、シェンロンは委員長として経済動向の分析や中間報告の内容を発表するなど頻繁にマスメディアに登場し、首相就任も間近と言われた。だが、一九九二年に直腸に悪性リンパ腫が発見されたためしばらく公務を休んだ後、一九九七年に完全に公務に復帰、二〇〇四年八月の首相就任となったのである。

なお、シェンロンの妻ホー・チンは、大統領奨学生と

シンガポールの10人

してシンガポール大学（現シンガポール国立大学）工学部に進んで最優秀の成績で卒業し、現在は政府の持株会社トマセク・ホールディングの社長（CEO）を務めている。

では政治家としてのシェンロンはどのような人間なのだろうか。彼の性格や物事の進め方は父に酷似している。シンガポールは脆弱な国家であるから、野党をはじめとする批判勢力の活動の拡大を容認するような「贅沢」は時間と人的資源の無駄であると考えていて、「国会に野党議員が何人かは必要だと考えている国民はいる。我々の役割は国民を説得して、野党議員に投票することは国民の利益にならず、PAP議員の方がよりよく国民に奉仕できることをわからせることである」とCNNのインタビューで語っている。

このような強硬な政治姿勢ゆえに、シンガポールが抑圧的で独裁的な国家であるという批判に対しては、「シンガポールに（独裁的という）ラベルを貼るなら、それでもいい。我々はそのラベルを受け入れるし、それで満足である。シンガポールが恐怖の場所なら国民は皆逃げているだろう。国民は高い教育を受けて英語を話す。世界のどこにでも行ける」と答えた。

ただ、二〇〇〇年代に入って政府の政策に対する国民の不満が高まるにつれて、彼は様々な政策の見直しを行なった。二〇一一年総選挙期間の終盤に与党劣勢が伝えられると、国民に政策の誤りを謝罪し、選挙終了後には父と第二代首相を内閣から外して「刷新」のイメージを国民に伝えるなど、国民との対話路線を重視しつつある。

リー・クアンユーというカリスマが去った後、シェンロンは少しずつ時間をかけてシンガポールの政治体制を民主化に向けて変革していかねばならないだろう。彼が「偉大な建国の父」から離れて正統性を得る道は、他にないからである。

写真70 リー・シェンロン。

8 発展の「影」

シンガポールでは、社会的に地位の高い職業と低い職業の賃金の格差がとても大きい。最も所得が高い経営管理職の月収の平均値（中央値）は約六六三〇シンガポールドル、一方で最も低いのは清掃職で約一〇二〇シンガポールドルである。この清掃職を含めた下層二〇％の平均月収は一二〇〇シンガポールドルで、この一〇年で一・三％しか増えていない。これはインフレを考えると、ほとんど増加してないことになる。

保守的な国民

抑圧的なPAP統治をなぜ多くの国民が受け入れ続けてきたのだろうか。もしくは長期にわたる一党支配は国民をどう変えたのだろうか。

シンガポールでは国民がPAPの長期一党支配に反対したり、言論の自由などの民主化を求めて組織的な運動を起こしたという例は、いまだに皆無である。経済発展とそれによる豊かさの実現は、自由民主主義を不可避的にもたらすものではないことを、シンガポールの事例は物語っている。

表8-1は、二〇一一年のシンガポール人の職業分布(一五歳以上)、およびそれぞれの分布の中で月収が五〇〇〇シンガポールドルを超える比率を示している。シンガポール政府は中間層を経営・管理職と専門・技術職と定義しており、ここでもその定義に従えば、全労働力の五二・二%が中間層ということになる。経営・管理職の半数以上、専門・技術職の三四・四%が月収五〇〇〇シンガポールドルを超え、さらに経営・管理職従事者の二六・二%が月収一万シンガポールドルを超えている。全シンガポール人労働者の平均月収が約三〇〇〇シンガポールドルであるから、その所得がいかに高いかがうかがえる。

このような人々は、政府が一九七九年から開始した産業構造の高度化政策によって生成された(詳しくは「6産業・経済・労働」参照)。それまでの労働集約的な低付加価値産業をシンガポールから撤退させ、技術集約的・知識集約的な高度付加価値産業を誘致したのである。

一九九〇年代になると、金融・サービス産業が、二〇〇〇年代になるとレジャー産業や文化産業も重視されるようになった。このような経済政策の変遷に伴って熟練労働者の育成が図られ、高等教育機関は毎年大幅に拡充された。大学とポリテクニック(高等専門学校、ポリテクと呼ばれる)など高等教育機関修了者は一九九〇年の一五%から二〇一一年の四六・五%へと急増している。これら高等教育機関の中でも大学の学位があれば高い給与と社会的地位の高い職業がほぼ約束される。二〇一一年で大学卒業生の平均初任給は学部によって異なるが約三一五〇〜五〇〇〇シンガポールドルで、初任給の段階で既に全労働者の平均月収を超えている。卒業生は政府官僚や外資系企業、政府系企業の管理職や高度技術者となって、シンガポールの発展を担っていくのである。

「政治的に沈黙している」国民の圧倒的多数は、個人の努力で高い学歴を得て、専門職、政府系や外資系企業の管理職、高級官僚になれば高額所得が約束され、豪華な住宅に住めるのだから、政府与党の統治も悪くないと考えている（写真71）。国会のフリーハンドを握り続けるＰＡＰ支配の下では自由な政治批判や政治活動は困難であり、外資や政府系企業が経済を支配しているために、自分で起業して成功するのも難しい。そうなると、国民の多くに残された道は政治を忌避して政府が認める範囲内で行動し、豊かになることであろう。

既に紹介した「政治意識に関する調査」（二〇一一年五月公表）では、調査対象者の半分以上が言論の自由よりも経済発展を優先し、強い指導者を求めているという結果からわかる通り、ＰＡＰ一党支配は政治システムに恭順で保守的な国民を生み出したと言えよう。

表8-1　職業分布と高額所得者の割合（2011年）

職業	比率（%）	月収5000Sドル以上（%）	月収1万Sドル以上（%）
経営・管理	17.8	62.8	26.2
専門・技術	34.4	30.8	6.4
事務・販売	24.6	2.3	—
生産工程	12.7	1.7	—
清掃関連他	10.8	0.4	—

出典：*Report of Economic Survey of Singapore 2011*より算出。
http://www.mom.gov.sg/Documents/statistics-publications/manpower-supply/report-labour-2011/mrsd_2011LabourForce.pdf
（2012年6月20日参照）.

写真71　最高層・最高級、空中庭園もある公団。豊かで保守的な国民が住む？

貧困層の拡大と社会階層の固定化

表8－1をもう一度見ていただきたい。多くの低所得者層の存在にも気がつくだろう。急激な経済発展とともに、その深刻な格差も表面化しつつある。

シンガポールでは、社会的に地位の高い職業と低い職業の賃金の格差がとても大きい。最も所得が高い経営管理職の月収の平均値（中央値）は約六六三〇シンガポールドル、一方で最も低いのは清掃職で約一〇二〇シンガポールドルである。この清掃職を含めた下層二〇％の平均月収は一二〇〇シンガポールドルで、この一〇年で一・三％しか増えていない。これはインフレを考えると、ほとんど増加してないことになる。高所得者が高級車を所有し、豪華な住宅に住む一方、低所得者が住んでいるのは古くて狭い一部屋タイプか、賃貸フラットである（写真72）。

他の多くの国では富裕層が住む地区と貧困層が住む地区は離れているが、シンガポールは国土が狭いため、古い賃貸の公団のすぐ近くに豪華なコンドミニアムが建っている。格差が目立つのである。

社会不安が起こらないのは、政府が低所得者にスーパーマーケットなどで使える食料券や金券、現金を配布し、最低限の医療費や子どもがいる家庭には教育費を保障し、最近では低所得者の賃金引き上げに政府が数値目標を入れて、引き上げを積極的に行なっているからである。また、賃貸とはいえ家があって、ホームレスがたむろしている地域はないために、貧困が目立たない。しかし、低所得者の生活は悲惨で、賃貸フラットが多い地区に行くと、空き缶を集めたり、通行人に小銭をねだったりする人に出会うことがある。

また、近年問題とされているのが、社会階層の固定化である。シンガポール政府が掲げる能力主義社会の考え方では、子どもが学校でよい成績を上げれば高い学歴が得られ、それによって高い社会的地位を得ることができるはずであるから、どの子どもにも同様に平等の機会が保障されているはずである。

確かに、多くの人が貧しかった独立直後から一九八〇年代まではそうだったかもしれない。表8－2に示すように、シンガポールでは一世代の間に教育程度が大きく

写真72　賃貸の公団の部屋(1ルームタイプ)。

表8-2　年齢層別の教育程度(1999年)

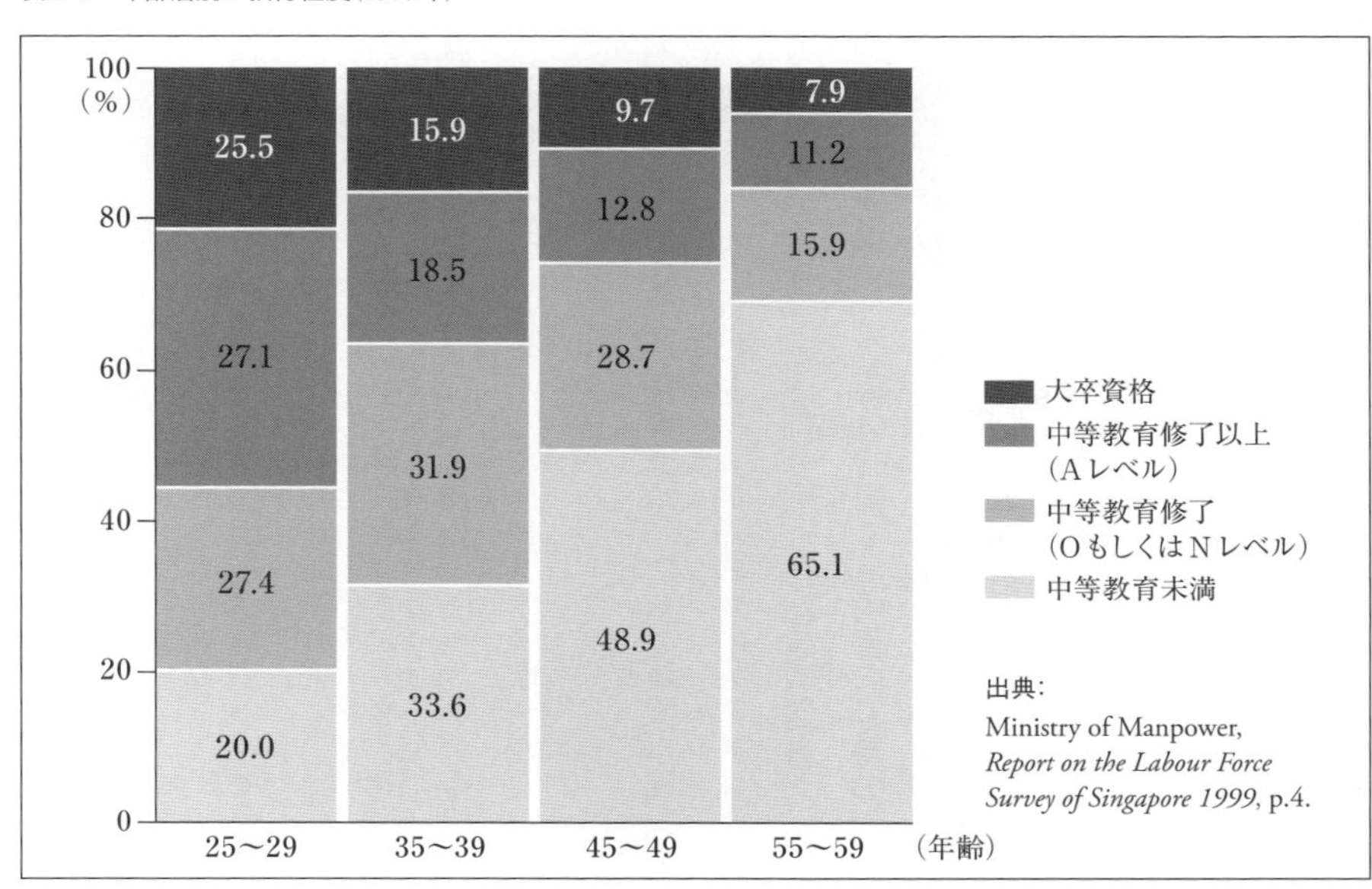

変わった。親の世代(五五〜五九歳)は教育程度も低く、したがって職業も生産、販売、サービスが圧倒的であった。しかしその子どもの世代になると教育程度が急激に上がり、職業も専門・技術職や行政・管理職に就く者が急増した。しかしそうなると、専門・技術職や行政・管理職への道は徐々に狭くなる。

近年では、子どもに家庭教師を付けたり塾に行かせたりするような経済力のある家庭の子どもや、親が高学歴で教育意識の高い家庭の子どもが学業面で優位に立つ傾向が顕著になった。富裕層ほど有名な受験校に進学しやすく、教育を受けるスタート時点で有利なのである。政府も「経済成長はすべてのボートを引き上げるものでなく、また平等に浮かぶものではない」(二〇一二年)と述べて、経済成長がすべての国民に等しく恩恵を与えてないことを認めている。

外国人居住者への不満と反発

既に述べたように、多くの外国人がシンガポールで働き、生活している。シンガポール政府は一九九〇年代から外国人の移民を積極的に受け入れてきた。他の先進諸国同様に少子高齢化が進んでいるため、外国人を受け入れなければ労働人口が縮小してしまうと判断したからである。

その数は表8-3で示すように二〇〇〇年代以降顕著になっている。二〇一四年で長期滞在する外国人居住者のうち、労働者が約一三〇万人、うち建設労働者が三一万人、家事労働者が二二万人である。労働者以外の長期居住者は労働者の家族や留学生、研修生などである。労働人口に占める外国人の割合は三八%にものぼっている。労

受け入れた高度人材には永住権および国籍取得を奨励し、国籍を取得して市民になった人々(新市民)は、二〇〇八年から二〇一二年までの間に九万五七〇〇人にものぼっている。また、海外の優秀な学生に奨学金を出してシンガポールに留学してもらい、そのまま就職するよう

促す制度も導入した。

専門知識を持つ外国人の急増は高い経済成長を支え、国内の高所得層の収入を世界レベルへと引き上げる一方で、低熟練・低所得の外国人の流入は清掃職に代表されるような低所得層の生活を圧迫した。また、二〇〇八～〇九年の世界的不況の影響で雇用市場が冷え込むと、外国人に職を奪われるのではないかという国民の不安が広がった。外国人を受け入れるための住宅や交通機関の整備・拡充が追いついていなかったことも不満を高め、外国人移民への反発や反感が二〇〇〇年代から急速に高まった。

表8-3　シンガポールの人口と外国人居住者の推移（単位：万人）

年	総人口	市民（国民）	永住権保持者	外国人居住者
1980	241	219	9	13
2000	403	299	29	75
2005	427	308	39	80
2008	484	316	48	120
2014	547	334	53	159

出典：*Yearbook of Statistics of Singapore* 各年版。

二〇一二年一一月、公共交通会社でバス運転手として働いていた大陸中国人が、シンガポール人やマレーシア人の運転手と比べて給料が低いことや宿舎が劣悪であることを理由に、一七一人が座り込みの抗議活動を行ない、八八人が職場放棄をした。これは二六年ぶりのストだったということだけでなく、外国人が起こしたという点で大きな衝撃を国民に与えた。政府はこれを不法ストと断定、首謀者五人を逮捕、二九人を強制送還するという断固たる措置を取った。新聞には経営側の外国人労働者待遇を問題視した意見も掲載されたが、国民の多くは冷淡であり、ある調査では回答者の七八％がストライキ参加者の処罰を求めるという回答をした。国民と外国人労働者の間には大きな亀裂が生まれている。

このように国民の間に外国人急増に対する不安や不満が広がっている中、政府は二〇一三年一月、二〇三〇年の総人口を六五〇万から六九〇万人の間とする「人口白書」を発表した。白書は低出生率と進む高齢化による人口減少が二〇五〇年から始まると推定し、「これを避けるために、外国人労働者をさらに受け入れ、永住権保持者人口を五〇万人から六〇万人に設定して永住権を毎年三万人に付与、さらに毎年一万五〇〇〇人から二万五〇〇〇人に市民権を付与する」としている。これによって二〇三〇年の人口はシンガポール市民（国籍保持者）三六〇万～三八〇万人、永住者六〇万人、外国人二三〇万から二五〇万人になると白書は予測した。なお、シンガポール人の結婚・出産の奨励措置、住宅の大量増加と交通インフラの拡大も明記された。

市民の比率を五二～五五％程度とするというこの白書に対して、国会での議論は珍しく白熱した。与党議員からも国民のアイデンティティが希薄になるのではないかと懸念が出され、野党労働者党は、「シンガポール社会に統合されない大量の移民を受け入れるのは重大な問題である」と政府を批判し、出生率を上げるための施策、女性と高齢者を雇用するための工夫などを盛り込んだ対案を出した。白書は可決されたものの、首相は政策全体を二〇二〇年には見直すことを強調した。

国民の間でも白書への批判は強く、白書が発表された翌二月、「六九〇万人にノーと言おう集会」が四〇〇〇人以上の人々を集めて野外で開催された。シンガポールでこのように政府の政策に反対して市民が野外集会を開くのはきわめて稀であり、海外メディアからの注目も大きかった。同年五月にも第二弾が開催された。

白書をめぐる論戦が覚めやらぬ二〇一三年一二月、リトル・インディアで南アジアからの労働者四〇〇人以上が暴動を起こし、警察・救急車両が放火、破壊されるという事件が起こった。メディアを通して放火・破壊される警察・救急車両を目のあたりにした国民は、外国人労働者への反感をますます強めた。

外国人を積極的に受け入れなければ、労働人口は将来縮小してしまう。しかし、低賃金で肉体労働を行なう外国人労働者への理解と交流をどう深めるのか、永住権保持者や新市民をどのように統合していくのか、多民族社会であるはずのシンガポールは新たな問題に直面している。

なお、新市民の社会統合プログラムは二〇〇八年までほとんど行なわれていなかった。外国人に対する国民の不満や反発を受けて二〇〇九年にようやく開始され、新市民とシンガポール人の様々な交流プログラムや、新市民の疑問などに答える政府部署が設置された。

発展から取り残されるマレー系

イギリス植民地下において、マレー系（写真73、74）は先住民として土地所有や政府職員の採用で優遇された。一九三一年の統計によれば、マレー系の約半数は農業・漁業に従事するか、下級官吏もしくは警察官といった職業に従事していた。このような政策の結果として、ビジネスの世界に参入するマレー系は少なく、シンガポールが中継・加工貿易港として発展し、港湾や建設労働者、商工業者として中国からの移民が大量に流入するにつれて、マレー系の多くは中心部から周辺部へ移り住むようにな

写真73　マレー系シンガポール人。

写真74　マレー系の歴史や文化遺産を展示・紹介するマレー・ヘリテージ・センター。

り、彼らの地位は周辺に追いやられていったのである。

シンガポールは独立時、憲法上でマレー系の特別な地位を認めたが、教育費の無料以外の具体的特別措置を認めなかった。政府はマレーシアのマレー系優遇措置に反対し、「社会的上昇の機会は個人としての国民に平等・一律に与えられるべきであり、平等政策によって自己の希望を全うできる社会を建設することが重要」と考えているからである。

しかしながら、人口の一四％を占めるマレー系の経済力や社会的地位は、人口比を反映しているとは言いがたい。**表8-4と表8-5**を見ていただきたい。大卒者比率は、華人の二二・六％、インド系の三五・〇％に対して、マレー系はわずか五・一％でしかない。マレー系の学歴がこのように低いことが職業分布にも反映している。給与が高い経営・管理職に従事するマレー系は、マレー系全人口（一五歳以上）のわずか二・六％でしかなく、一方、マレー系労働者の一〇人に一人以上は清掃職に就いている。世帯収入は、華人の六二・四％、インド系の五九・七％にすぎない。独立直後の一九六六年ではマレー系世帯の収入は華人世帯の八三・八％であったから、世帯所得の格差は縮小どころか拡大していることになる。

これは社会階層が固定化しているからで、経済力の低いマレー系家庭では、子どもに家庭教師を付けたり、塾に行かせることができないのである。マレー系家庭はいわば「負の連鎖」に陥っている。能力主義社会においては、スタート時点で既に民族間で大きな格差があった場合には、かえってその差は拡大するのであり、なかなか縮小しない。

教育程度の低さと貧困、それによる不満ゆえに、熾烈なエリート主義的教育制度の下で落ちこぼれるマレー系児童・生徒が多い。また二〇一二年で薬物乱用による逮捕者の約五一％はマレー系である。政府は、一九八二年にマレー系児童・生徒の学力向上や就職支援、貧困家庭への支援を目的とする自助団体（マレー・ムスリムコミュニティ発展協議会）を発足させた。この団体は政府からの補助金と企業などからの寄付金による資金で運営され、格差の解消に一定の成果を上げてきた。

ただ、マレー系の経済的・社会的遅れという問題は、「華人とマレー系は異なる文化的価値を持つ。一般的に華人は（中略）根気強い労働者、熱心なビジネスマンになる。一方、マレー系は安易で楽しい生活に重要な価値を置く」（一九六八年、リー・クアンユー首相）に代表されるように、マレー系の生活習慣や個人の努力不足が原因とされているために、マレー系コミュニティは「負の連鎖」に不満の声をあげ、民族問題を議論しにくい状況にある。

さらに、二〇〇〇年代に入ると、一時的ではあるがイスラム・フォビア（イスラム嫌い）が社会に広がった。二〇〇一年末と二〇〇二年九月にシンガポール国内の米軍やその関連施設を攻撃するテロ計画を立てていたとして三〇人以上のマレー系が治安維持法で逮捕され、その直後から職場や学校でのマレー系差別が相次いだのである。マレー系指導者や政府は、「テロ事件に過剰反応しないように」「ほとんどのイスラム教徒はテロに反対である」ことを国民に訴えて、差別や対立は収まったものの、容疑者として逮捕されたマレー系が学校教育の落ちこぼれであったことは、ほとんど報道されなかった。

ただ、高等教育を受けた一部のマレー系学生は、マレー系への差別や格差解消のために声をあげはじめている。シンガポール国立大学マレー研究学科が開催したセミナーでは、マレー系大学院生や助手が「マレー系は麻薬と少女妊娠の代名詞と見られている」「大学トップには華人やインド系、外国人はたくさんいるが、マレー系はほとんどいない。これを差別と呼ばずして何と呼ぶのか」と、政府や大学当局を批判する場面に出くわすことが多い。

このような学内の自由な発言や政府批判をどのように国民的な議論につなげていくのか、マレー系のみならず、華人やインド系の若い層の協力と連帯が求められているのだろう。

表8-4　民族別大卒者比率（15歳以上）と平均世帯所得（2010年）

民族	大卒者比率（%）	平均世帯所得（シンガポールドル）
華人	22.6	7,326
マレー系	5.1	4,575
インド系	35.0	7,664
その他	58.4	11,518

出典：*Singapore Census of Population 2010.*

表8-5　民族別職業分布（2010年、単位：%）

職業	華人	マレー系	インド系	その他
経営・管理職	14.3	2.6	14.1	19.6
専門・技術職	37.5	25.2	43.1	55.4
事務職	12.4	17.5	11.4	7.9
販売・サービス	12.5	20.1	12.6	9.9
生産関連	13.3	20.0	10.1	3.8
清掃職	6.6	11.1	5.7	2.0
その他	3.3	3.4	2.9	1.3

出典：*Singapore Census of Population 2010.*

ゴー・チョクトン（一九四一年〜）

ゴー・チョクトンは一九四一年シンガポールに生まれ、シンガポール大学卒業後に経済官僚となった。政府の奨学金を得てウィリアムズ大学院（アメリカ）で開発経済学修士号を取得、一九六九年に政府系企業の海運会社に配属され、その後社長に就任し、赤字だった会社を黒字に転換させたことで注目された。

一九七六年総選挙で当選して政界入りし、七九年には貿易産業大臣に就任、八四年からは第一副首相や国防相という重要なポストを歴任し、この頃から「リー・クアンユーの後継者」と言われていた。

ゴーはどのようにしてリーの後継者となったのか。

後継世代を選抜するプロセスは、まず総選挙の新人候補選びから始まる。新人候補の対象者は、海外留学から帰国した研究者、専門職従事者（弁護士、医者、建築家など）や企業の役員で、現職の国会議員や企業の人事担当者から推薦された者である。

第一段階では党内に組織された「選抜チーム」が、リストアップされた対象者に対してインタビュー、心理テストなどを行ない、知性や感情、誠実さや忠誠心を調べて適性を探る。第二段階では、価値観や能力についての質問が、リーはじめ第一世代指導者も同席して行なわれる。第三段階では、第一世代指導者が主に質問を行ない、最終的にはリーが決定すると言われる。ただし、長男シェンロンの選抜プロセスには彼は参加しなかった。

新人候補が当選して党や政府の要職に就いても、第一世代は、彼らに度々の人事異動を通して政府や党の様々なポストを経験させて能力を見て、能力が劣ると判断するや、容赦なく切り捨てる。ゴーも一九八一年の補欠選挙を指揮して失敗（労働者党ジェヤラトナムがＰＡＰ候補者を破って当選）し、政府の重要ポストから一時後退させられた。

このような若手の登用と切り捨てを繰り返しながら、一九八五年にようやくゴーと彼を支える集団が誕生した。

もっとも、一九九〇年一一月の首相就任直後は、ゴーはリー・シェンロン首相が誕生するまでの「つなぎ」と見なされていた。しかし、シェンロンが悪性リンパ腫のために公務を休んだため、ゴーは予想外の長期政権を担

シンガポールの10人

うことになったのである。

ただ、いつも強気で堂々としているリー・クアンユーに比べて、どこか自信なげに穏やかに話すゴーに、多くの国民は好感を持った。さらにゴーが、首相就任時にリーの厳格な統治スタイルではなく、ソフトな自由主義的統治スタイルを掲げたため、国民は政治的自由化の到来を歓迎した。

しかし、ゴー就任直後の一九九一年総選挙で野党が四議席を獲得し、ＰＡＰ得票率が六一％と落ちこんだため、ゴーの新路線は再びリーの厳格な統治スタイルに転換した。一九九一年総選挙で三議席を獲得した民主党党首の些細なミスを取り上げて、ゴーは彼を職場から解雇しただけでなく、激しい人格攻撃を行なった。さらに、二〇〇一年総選挙前には、この党首を法廷侮辱罪で告訴し、投獄した。

彼自身はこのような転換をどう思っているのかはわからない。ただ、二〇一一年総選挙期間中に、野党から出馬した自分の元第一秘書を貶める発言をしたことから考えると、就任直後のソフトな自由主義的路線は単なる「ポーズ」だったのかもしれない。

私生活では、弁護士である妻との間に二人の子ども（双子の男女）がいる。

写真75　国会内を歩くゴー・チョクトン（中央の眼鏡をかけた背の高い人物）。

9 社会の変動

シンガポールが豊かになるにつれて外国人家事労働者が急増しているのは、仕事と家庭を両立させるために家事労働者を雇わざるを得ないためである。雇用できない場合は家族や親戚に子どもや高齢者の面倒を見てもらうか、それができない場合には産まない選択をする。

女性の社会進出と出生率の低下

表9-1に示すように、シンガポール女性の出生率（一人の女性が生む子どもの数）はこの四〇年余に大きく低下した。人口を維持するためには二・一五以上でなければならない出生率は、今やアジアでも世界でも最も低い国の一つとなった。経済発展が進み、女性の社会進出も進めば、出生率が低下するのは常であるとしても、「人材のみが資源」のこの小さな国でこのように出生率が急落しているのは大変深刻な事態である。同時に未婚者も増加している。二〇一二年で三五～三九歳の独身者は男性で二〇・三%、女性で一六・九%にものぼる。

なぜこのようにシンガポール女性は結婚を回避し、子どもを産まなくなったのか。

シンガポール政府は独立直後から男女の労働力の量的・質的向上に積極的に取り組んだ。一九六六年の女性全体の労働力化率は二五・三%でしかない（表9-2）。政府は彼女らの経済的動員のために、初等・中等教育の普及とともに、「女性であるという理由で人口の半分を教育せず、また活用しない社会に未来はない。我々はシンガポール女性に教育を与え、その能力を十分に活用する」（リー・クアンユー首相、一九七五年）という発言に見られるように、特に女性の教育を推進した。また、当時の増え続ける人口を抑制するための、「子どもは二人まで」という家族計画（三人目からは出産費用が高額となり、産休もほとんど取れない）も彼女らの経済進出を促した。さらに、一九八〇年代後半からシンガポールをアジアの金融・サービス産業の一大センターにするという政策が打ち出され、経済のサービス産業化が進展したことも女性の労働力化率を高めた。

二〇一二年で政府・公的機関の女性管理職は約三八%であり、全労働力に占める女性の割合が約四〇%であることを考えると、労働参加率と大きな齟齬のない幹部登用が行なわれていることがわかる。また男性の所得に対する女性の所得は七六%であるものの、二五～三〇歳の男女の所得にほとんど差はない。

このように女性も男性同様、小さな都市国家の発展を担うよき労働者として国家に貢献することが求められ、女性もそれに応えてきた。ただ、一九八〇年代以降の家

表9-1　出生率の推移（1970～2013年）

年	1970	1990	2010	2013
出生率（人）	3.1	1.83	1.15	1.25

出典：*Singapore Census of Population* 各年版。

表9-2　女性の労働力化率（1966～2014年）

年	1966	1987	2014
労働力化率（%）	25.3	47.0	58.6

出典：*The Ministry of Manpower*、各年版資料。

族計画の転換は女性に新たな課題を突きつけた。労働力不足によって家族計画が「産めよ、増やせよ」の多子政策に転換したこと、同時に、「家族の絆」が強調されるようになり、女性は家族の中心として「よき妻、よき母」になることも期待されるようになったことである。「家族の絆」重視には、欧米的価値の浸透や経済発展によって忍耐や規律、秩序、愛国心などといった「アジア的価値」が忘れ去られることへの政府の不安があった。欧米的価値の浸透によって政府批判を行なう若者が増えたことが、与党ＰＡＰの支持率低下をもたらしたと政府は判断し、家族がそれらの価値を伝える役割を果たすべきだと考えたのである。

女性がキャリアを積むことと同時に家庭の中心的役割を果たすことは、仕事と家庭の両立ができるような環境が整備されているなら可能かもしれない。しかし、政府は西洋の福祉国家が抱える問題点を考慮して、社会福祉は家族が行なうもの、女性はその中心的役割を担うものという意識を持っていることが、女性の負担を増やしている。

シンガポールが豊かになるにつれて外国人家事労働者が急増しているのは、仕事と家庭を両立させるために家事労働者を雇わざるを得ないためである。雇用できない場合は家族や親戚に子どもや高齢者の面倒を見てもらうか、それができない場合には産まない選択をする。

出生率が下がっているのは、エリート主義的な選抜教育制度にも原因がある。子どもの将来が小学校六年時の初等教育修了試験の結果でほぼ決まってしまうために、多くの母親は子どもが小学校高学年になると仕事を辞めて、子どもの勉強の世話につきっきりになる。子どもの塾や家庭教師代に巨額の費用をかける家庭も珍しくなく、一人の子どもを一人前にするには一九万～七〇万シンガポールドルが必要と推定されている。

このように子育ての金銭的、精神的負担が大きいために、出産をためらう女性が多い。二〇一四年で女性全体の労働力化率が五八・六％（表9－2）とそれほど高くないのは、子育ての途中で仕事を辞めてしまう女性が多いからでもある。

二〇〇四年に政府は三億シンガポールドルを投じて「少子化対策」を一大課題とすることを決定、第四子までの出産奨励金や産休の延長、小さい子どもや高齢者がいる世帯の家事労働者雇用税などの軽減措置（ベビー・ボーナスと称される）を行なっている。奨励金や措置の対象は年々拡大され、二〇一三年には二〇億シンガポールドルを投じて公団住宅優先割り当てから体外受精までを補助するようになった。だが、今のところそれほど大きな効果は上がっていない。

シンガポールの政策研究所が最近行なった調査によれば、「ベビー・ボーナスがあるから出産する」と答えた人（特に女性）は、ベビー・ボーナスが始まった頃よりも低下している。調査責任者は、「お金ではなく、たとえば質の高い託児施設の設置や出産後のスムーズな職場復帰、父親が産休一六週のうち半分を取れるようにする措置など、もっと女性がキャリアと家庭を両立できるような施策を考えるべきだろう」と分析している。

進む高齢化と「国民優先」の政策へ？

表9－3で示すように、二〇三〇年には六五歳以上の高齢者の割合は急速に増加し、二五％にもなると予想されている。この国はアジアで最も早く高齢化の進む国である（写真76）。平均寿命も医療技術と生活環境の向上によって、二〇一一年には世界第四位の八二歳まで延びた。

シンガポールの高齢者政策の方針は、①高齢者は自分の居住するコミュニティで生活しつづける、②高齢者はできるだけ雇用市場に参加しつづけ、財政的に自立した状態を続ける、という二つである。同時に、「両親扶養法」という法律によって、成人した子どもに両親の世話をすることを義務づけており、公的援助に頼るのではなく、親孝行によって家族が高齢者の福祉を支えることを基本としている。これは、「女性

表9-3　高齢者（65歳以上）が人口に占める割合

	1965年（独立）	2002年	2013年	2030年（予想）
高齢者が占める割合（%）	2.5	7.8	11.7	25.0

出典：*Singapore Census of Population* 各年版、Ministry of Health Press Release, September 28, 2012.

写真76　公団1階の広場でくつろぐ高齢者。

の社会進出と出生率の低下」の項で述べた「アジア的価値」の一つであるとも見なされている。

二〇一一年で六五歳から七四歳の高齢者の三八・七％が配偶者、子どもあるいは孫と同居、一五・四％が配偶者のみと暮らし、一人暮らしは一七・五％である。老人ホームなどの入所型介護施設に入居している高齢者は、介護が必要な高齢者のわずか二％余である。子どもと同居する高齢者が多いのは、政府が、親と同居する夫婦が公団を購入する場合は補助金を出したり、希望する場所や物件を優先的に割り当てるなど、「親孝行」を奨励する政策を取っているからである。もっとも、二〇〇五年の統計では一人暮らしの高齢者は七・三％であったから、高齢者の独居世帯は急速に増加していることがわかる。現在高齢者を介護している世代は兄弟姉妹が多いので、互いに協力し合って介護できるものの、独身者が増加し子どもの数が減少しているため、一人暮らしの高齢者は今後さらに急速に増加するであろう。

ただ、二〇一一年で介護が必要な高齢者を抱える世帯の実に四九％が、インドネシアやフィリピンから来た家事労働者を雇用している。雇用者は「家庭内に住み込ん

写真77　デイケアセンターで運動する高齢者に付き添うフィリピン人家事労働者。

でいる他人」が介護するなら家族が介護するのと同じで親孝行の面目を保てると考えているのであろうし、公的な介護施設が不十分であるために他の選択肢が限られているためでもある。家事労働者が高齢者をデイケアセンターなどの施設に連れてきて、長時間付き添っているという光景は珍しいことではない（写真77）。

高齢者が急増している状況に加えて、もう一つの問題は高齢者の貧困である。

シンガポールには雇用者側と労働者（被雇用者）側が毎月それぞれ一定額を給与から強制的に積み立てて老後に備えるという制度（中央積立基金）があり、失業保険や公的年金制度がないために、それが唯一の定年後の経済的な保障であることは既に述べた。しかし、多くの高齢者にとって、中央積立基金の貯金は十分な老後の備えになっていない。二〇〇六年の報告書によれば、高齢者の平均貯蓄額は五三〇〇シンガポールドルで、五六～六四歳の平均二万五〇〇〇シンガポールドルに比べるとあまりに少ない。二〇一三年に保健相は「二〇一二年に死亡した高齢者の半数は口座に二七〇〇シンガポールドルしか残っておらず、約三分の一は一〇〇〇シンガポールドル未満であった」と述べた。

高齢者の貯蓄がこのように少ないのは、教育程度が低い（高齢者の五六・〇％が初等教育修了未満）ために高収入の職業に就くことができなかったからである。一九四〇年代の日本占領期やその後の政治的混乱期に幼少時代を過ごした者の教育の機会は限られていた。高齢者の中には読み書きさえ満足にできない人もいる。特に女性の高齢者の貧困は深刻である。

政府は、高齢者が所得を得て経済的に自立することを奨励するため、退職年齢である六二歳を過ぎても六五歳までは雇用を継続することなどの法律を整備した。ただ、農村のないシンガポールでは高齢者が農業に従事することがないので、高齢者の就業機会は少ない。ましてや公用語を十分に使えない高齢者のほとんどは皿洗いやモップ掛けなどの清掃職に就くしかない。「生活費を稼ぐ必要」という理由で、就労している高齢者の八〇％がこのような最底辺の単純労働に従事している。

二〇一三年三月シンガポール保健省は、二〇二〇年までの保健医療計画「ヘルスケア二〇二〇マスタープラン」を発表、これまで社会保障費への支出を最低限に抑えてきた社会福祉や高齢者介護政策を大幅に見直すことを発表した。一〇以上の大型病院の新設、六〜八つの公立診療所と一〇の入所型介護施設の新設、また、医療従事スタッフの増員、外国人家事労働者を雇用する場合の免税措置拡大などがこの計画に含まれる。

さらに「国民皆保険制度」を創設することや、独立第一世代（独立時に一六歳以上の国民四五万人）への終身支援策として、診療所と専門医の治療費の五〇％割引、中央積立基金のそれぞれの口座に年間二〇〇〜八〇〇シンガポールを拠出する、八〇歳以上については国民皆保険の保険料を政府が負担することなども発表された。

「マスタープラン」の実現によって二〇二〇年には医療や介護施設は大幅に増え、デイケア施設などの利用者は増えると思われる。また、国民皆保険制度や独立第一世代への支援策は、政府の政策が経済優先から国民優先にシフトしつつあることを示している。ただ、プランでも外国人家事労働者雇用への優遇措置が講じられているように、外国人家事労働者を雇いやすくして高齢者との同居を促し、公的援助や介護施設への依存を避けるという方針は、今後も続くであろう。

増大する華人キリスト教徒

表9-4は、シンガポール人の民族別宗教人口の推移の比較を示す。一九九〇年と二〇一〇年を比較すると、華人では仏教・道教徒が大きく減少し、キリスト教を信じる者が大きく増加、無宗教も増えている。マレー系では大きな違いはない。インド系では、イスラム教徒が減少してヒンドゥー教を信じる人が増えている。

この二〇年の宗教人口の推移の中で最も特筆すべきは、華人のキリスト教徒の増加である。なぜなら、その増加率の大きさとともに、近年の華人キリスト教徒の活動や発言力がシンガポール社会で大きな注目を集め、政治問題にもなっているからである。

増加する華人キリスト教徒は、英語教育を受け、欧米の映画や音楽に影響された若者が圧倒的に多い。ただ、若い華人が信仰するのは伝統的なキリスト教の宗派ではなく、「メガ・チャーチ」と呼ばれるプロテスタント系の新興キリスト教団で、教団は礼拝に数千人規模の信者を集め、カリスマ性のある指導者に率いられ、現世利益の追求を奨励するのが特徴である。

メガ・チャーチの一つ、ニュー・クリエーションは国内最大級の劇場を保有し、髪を染めた牧師がビートの効いた音楽を流しながら二万人余の信者に説教する。他にも、シティ・ハーベストと称するメガ・チャーチは、都心部の大型国際展示・会議施設の一部権益を取得し、この施設を週末には礼拝堂として使用している。

二〇〇九年にはメガ・チャーチの活動が大きな議論を呼んだ。メガ・チャーチの一つチャーチ・オブ・セイビヤーの信者が、女性の権利保護などの活動を行なうNGO「行動と研究のための女性協会」(後述)が行なっているる公立学校の性教育が同性愛を擁護しているとして、女

表9-4 民族別の宗教人口(単位%)

	1990年	2010年
華人		
仏教/道教	67.7	57.4
キリスト教	14.3	20.1
他の宗教	0.1	0.7
無宗教	17.7	21.8
マレー系		
イスラム教	99.6	98.7
他の宗教	–	1.1
無宗教	0.2	0.2
インド系		
ヒンドゥー教	53.1	58.9
イスラム教	26.5	21.7
キリスト教	12.2	12.8
その他の宗教	7.0	5.4
無宗教	1.2	1.1

出典:*Singapore Census of Population* 各年版

ピンク・ドットのマスコットとステッカー

写真78　2009年、10年、11年のピンク・ドットの集会――毎年参加者が増えて、11年には広場はピンクに染まった。

性協会理事選挙に信者を大量に送り込んで信者を指導部に選出し、協会を乗っ取った。危機感を抱いて教会に加入した新メンバーと理事会を欠席していた旧メンバーが、臨時理事会で旧メンバーを改めて理事に選出して乗っ取り騒動は一応決着した。

同性愛をめぐるメガ・チャーチの動きは活発である。シンガポールでは男性どうしの性行為は刑法違反である。同性愛者などの性的少数者とその支持者は二〇〇九年から毎年「ピンク・ドット」と称するイベントを企画、性的少数者の権利拡大を求めていて、二〇一五年六月のイベントにはピンクの風船や傘を持ってピンクのシャツを着た過去最大の二万六〇〇〇人が参加した（写真78）。だが、メガ・チャーチの一つは、同日に都心の大型施設に八〇〇〇人もの信者を集め、「父が男、母が女という伝統的家族の擁護」を掲げたピンク・ドット反対の大集会（白を着る日と名付けられ、全員が白い服を着て集まった）を、イスラム団体と合同で行なった。

一部の保守的で過激な華人キリスト教徒の増加は、シンガポール社会の新たな宗教問題の火種になりつつあるのかもしれない。

写真79 ACMIが組織した集会に集う外国人家事労働者。

活発化するNGO活動

シンガポールのNGOは、社会団体法や相互扶助団体法などの団体法に基づく登録が義務付けられている。登録官は、団体が治安を乱したり、当初の目的から逸脱する行為を行なっていると見なした場合には、いつでも登録を取り消す権利を有している。さらに、登録を許可された団体でも毎年の活動と財政報告が義務付けられている。政府は、国内の団体が海外から献金や資金援助を受けることにも厳しい監視を行なっている。

このような厳しい規制下であっても、近年、国民の間には社会福祉や奉仕活動への関心は高まっており、慈善活動を行なうNGOは増加している。社会福祉予算を増大させたくない政府が一九九〇年代から慈善活動を行なうNGOを積極的に支援しはじめたことも、活動を後押しした。活躍するNGOをいくつか紹介したい。

「移住者と巡礼者への助言のための聖職者委員会（ACMI—Archdiocesan Commission for Pastoral Care of Migrants & Itinerant People）」は、主に家事労働者を支援するNGO

写真80　ミサを行なう神父、ミサの後に神父は外国人労働者1人1人を激励する。

である。一九九八年にフィリピン人宣教師によって提案、結成されたこの組織は、外国人労働者が本国に戻ってより高収入の職に就けるように、英語、看護・介護、コンピューター教育などのトレーニング（受講する意識を高めてもらうために、微々たる金額であるが有料）を行なうセンターを運営する他、労働者のためのミサや娯楽のための集会も開催している（写真79、80）。さらに、雇用者と家事労働者のトラブルの相談、カウンセラーや病院の紹介、建設現場の労働者に食事を届ける活動も行なっている。

二〇〇二年に活動を開始した「市民社会のための調査・活動委員会2（TWC2―the Working Committee of Civil Society Count 2）」は、外国人労働者の処遇そのものを問題視する初のNGOとして注目されている。この組織は、一九九九年に市民社会を考える討論グループ（市民社会のための調査・活動委員会＝TWC）に集った人々によって結成され、その精神を引き継ぐという意味で、TWC2と命名された。TWC2は、外国人家事労働者の待遇改善と法的保護などを掲げて、討論会や啓発活動、家事労働者の法的保護を盛り込んだ「家事労働者法」草案を発表した。二〇一二年から家事労働者に週に一日の休日を与

写真81 「行動と研究のための女性協会」オフィス。

えることが雇用者の義務になった（ただ、家事労働者が同意すれば、日給を払って休日を与えないこともできる）のも、この活動の影響が大きい。

一九八三年に政府が打ち出した高学歴女性の多産奨励政策（高学歴女性には多産を奨励し、低学歴女性は避妊をすると補助金を出すという政策であったが、批判が相次いだために数年で廃止された）をきっかけに結成された「行動と研究のための女性協会」は、すべての分野における女性の参加と意識向上を促進することを目的とし、そのための調査・研究活動から、女性の社会教育、セミナー主催、家庭内暴力などに悩む女性の電話相談などその活動は多岐にわたり、現在は東南アジアで最も著名な女性NGOになっている（写真81）。政府は、女性協会の会長を任命議員として国会に招請したり、国連女性差別撤廃条約批准国に義務付けられている報告書の執筆を依頼するなど、その活動を評価し、協力を求めている。

女性協会が政府から委託されて行なっていた公立学校での性教育が同性愛を擁護しているとして、新興のキリスト教団体に協会理事会を乗っ取られる事件が起こったことは既に述べた通りである。事件は決着したものの、同性愛をめぐって女性協会と新興キリスト教団体の軋轢は続いていると言われる。

「ネイチャー・ソサイアティ」は、自然環境の保全を掲げて一九九一年に結成された。このNGOは政府が発表した湿地帯埋め立て計画やゴルフ場建設に対して、それらが環境をどれだけ破壊するのかを詳細な調査で明らかにし、いくつかの計画を白紙に戻させ、多くの国民を驚かせた。シンガポールにわずかに残された自然環境に対する国民の意識を高めるために、緑地などを歩くツアーを年に数回実施している（写真82）。

登録されたNGOではないが、既に述べたような性的少数者の権利拡大を求めて毎年ピンク・ドットと称するイベ

写真82　貴重な樹木と渡り鳥の宝庫ブキッ・ブラウン墓地。歴史保存と自然環境保護の観点からネイチャー・ソサイアティも保護活動を行なっている。

ントを企画している団体も、活発な活動を行なっている市民組織と言えるだろう。この団体は政府を批判するのではなく、「多様な性のあり方を祝福するためのイベント」と名付けることで、多くの人を集めることに成功している。

移住者と巡礼者への助言のための聖職者委員会やＴＷＣ２、女性協会、ネイチャー・ソサイアティは、政府と柔軟に協力しながらも、シンガポールが多様な価値観が認められる民主的な社会に移行する大きな一歩を作り出しているのである。

タン・ピンピン（一九六九年〜）

シンガポールでは一九六〇年代にマレー語映画が数多く制作されたものの、一九九〇年代に入るまでシンガポール人監督による映画はほとんど作られなかった。政府は「映画を含む文化振興は経済発展には不要」と見なし、スタジオは閉鎖され、映画界は公的支援を全く受けることができなかったためである。一九九〇年代になってようやく再び映画が制作されるようになり、エリック・クー監督の「ミーポックマン」（一九九五年）に代表される、海外で高い評価を受ける作品や著名な監督が出始めた。

その中でもタン・ピンピンはシンガポールで最も著名なドキュメンタリー映画監督で、興行力が低く、社会批判映画と見なされて政府の支援を受けにくいドキュメンタリー作品を数多く制作し、海外でも高い評価を受けている。

タンは、三人姉妹の長女としてシンガポールの比較的豊かな家庭に一九六九年に生まれた。中等教育修了時に成績優秀者としての奨学金を得て、オックスフォード大学で法律を学び、さらにアメリカのノースウエスタン大学で映像を学んで美術学修士号を取得した。彼女の課程修了作品Moving House（邦題「お墓の引越し」）は、学生アカデミー賞のベスト・ドキュメンタリー賞をシンガポール人として初めて受賞した作品となった。

二〇〇五年の「シンガポール・ガガ」は、彼女の映画監督としての地位を不動のものにした作品である。大道芸人や露店商、チアリーダーなどの歌や声を丹念に追いかけることで、シンガポールの過去と現在の風景を音と映像で表現したこの作品は、劇場で上映された初のドキュメンタリー映画となり、「シンガポールを描いた最もすばらしい映画」（英字紙『ストレート・タイムズ』）と評されている。

また、二〇〇七年の「インビジブル・シティ」は台湾国際ドキュメンタリー映画祭などで数多くの賞に輝いた。この作品は、政府が封印した過去の「証拠」を残すべく作られたもので、タンはタイトルに「備忘録」を付加している。

ただ、彼女の二〇一四年作品「シンガポールへ、愛を込めて」は政府によってシンガポールでの上映を禁止さ

シンガポールの10人

れ、大きな話題となった。この作品は、イギリスやマレーシア、タイで長期の亡命生活を送っている数多くの政治犯へのインタビューで構成され、彼らがなぜ海外に逃亡したのか、現在はどのような生活を送っているのか、故郷に残した家族のことをどう思っているのかなどを淡々と描き、第一〇回ドバイ国際映画祭アジアアフリカ・ドキュメンタリー映画部門で最優秀監督賞を受け、プサンやマレーシアなどの映画祭でも上映されて多くの賞を受賞した。

上映禁止の理由を、政府は「映画に登場する人々は、自分たちが不当に扱われ、帰国する権利を奪われているなど、真実ではないことを語っている。彼らは元マラヤ共産党員やその支持者で、自分たちの意思でシンガポールを離れ、帰国を拒んでいる。そのような人々を映画に登場させることは、間違ったイメージを国民に与える」と述べた。

もっとも映画はマレーシアで上映され、シンガポールからバスを連ねて四〇〇人以上の人が鑑賞に訪れた。シンガポールの英字紙は、「シンガポールの歴史は与党だけが独占してはならない。苦難の歴史を生きた人はみな語るべきそれぞれの歴史を持っている。それが政府の歴史観にそぐわないとしても、価値判断は映画を見た人に委ねるべきだろう」という鑑賞者の意見を紙面に載せた。

タンは「政府に失望した。上映される日が必ず来ることを願う」という声明を出したものの、政府に協力する姿勢は維持し、二〇一五年の独立五〇周年記念を祝うイベントの一つとしてタンの短編映画が上映された。

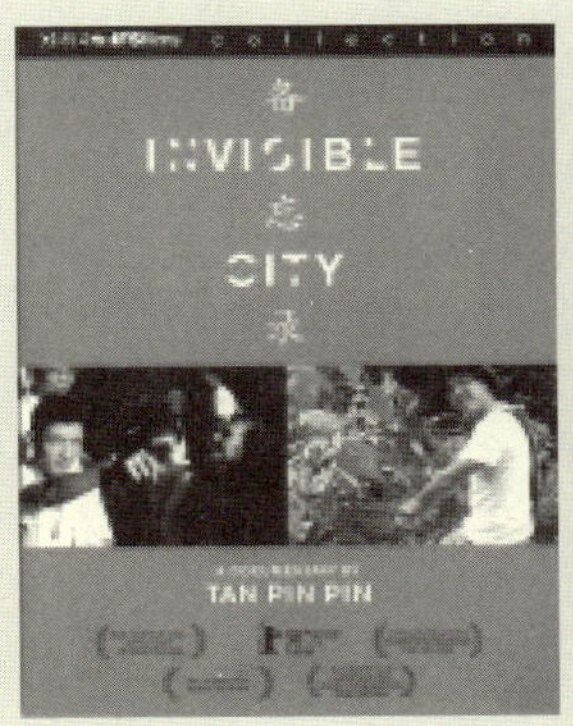

写真83
「インビジブル・シティ」のDVD表紙。

写真84
「シンガポール・ガガ」のDVD表紙。

あとがき

本書は、一年ほど前にめこんの桑原さんから「アジア各国の入門的な概説書を順次出していきたいので、シンガポールを書いてほしい」と声をかけていただいたことがきっかけである。筆者はシンガポールの政治や国際関係、社会についての業績はあるが、経済や産業、労働なども書かねばならないので、お引き受けしたときはかなり時間がかかるかもしれないと思っていた。しかし、何とか書き終えることができたのは、国内外の数多くのシンガポール研究の蓄積（『文献案内』と『参考文献』を見ていただきたい）のおかげである。

筆者が初めてシンガポールを訪れたのは、津田塾大学大学院国際関係学研究科修士課程に入学した直後の一九八〇年代中頃で、短期留学生としてシンガポール国立大学政治学科に籍を置いた。当時のシンガポールは既に韓国、香港、台湾とともに「アジア四小龍」としてその驚異的な経済成長が世界から注目され、小さな島国は大きな変貌を遂げつつあったものの、まだのんびりした雰囲気や景色は残っていた。郊外を走るバスには車掌がいて、バスが満員のときは他の乗客が切符をリレーし、切符を受け取った客は小銭をリレーして車掌に渡してもらっていた。また、屋台や露天商の親を手伝う子どもがたくさんいて、子どもは客がいないときは道路の隅に座って学校の宿題をしていた。都心のすぐ後ろには沼地が残り、養豚場や養鶏場もあった。郊外の友人宅に泊まりに行くときは、蚊取り線香が欠かせなかった。

一九八〇年代まで残っていた、そんなのんびりした穏やかな島国は、もう存在しない。世界特にアジア各地からやって来た移民たちの雑多でまとまりのない社会を、国家がその基本計画に基づいて創り変え、この都市国家の風景も雰囲気も大きく変貌させたからである。土地のほとんどは国有地となり、工業団地と公団、高層のオフィスビルがあちこちに建てられた。国民がどの言語を話すのか、どこに住むのか、どんな住宅を選ぶのか、誰が隣人になるのか、子どもは何人が望ましいのかまで、すべて国家が決定した。その過程には国民の意思は入っていないし、異論をとなえることもほとんど認めなかった。

シンガポールは社会が国家を創ったのではなく、国家が社会を創ったのである。

　また、経済発展が国家の至上命題となっていることも忘れてはならない。国家が個人の生活に介入するのも、経済発展に必要な社会の安定を得るためであり、経済発展に資する人材を育成するためである。

　一方で、国家は経済発展の恩恵を国民に等しく分け与えた。一九七〇年代のＰＡＰ（与党人民行動党、People's Action Party）が「平和と繁栄（Peace And Prosperity）の党」とさえ言われて高い支持率を誇ったのは、反対勢力が弾圧されてＰＡＰ以外の選択肢がなかったこともあるが、国民一人一人が経済発展を実感したからでもあったろう。

　しかしながら、強い力を持つ国家がすべてを決定するという時代は、もう終わりに近づいている。もはや国民は経済発展の恩恵を皆が等しく受けているとは思っていない。所得格差と社会階層の固定化、大量の外国人流入、少子高齢化などシンガポールが抱える数々の深刻な問題に国家は処方箋を示せず、二〇一一年総選挙では与党の得票率は史上最低となった。支持率回復のために国民の意見に耳を傾けざるをえなくなり、二〇一五年総選挙で支持を回復したものの、もし以前のような強引な政権運営を行えば、国民の支持はまたすぐに離れていくだろう。

　国家が国民の支持をつなぎとめるために試行錯誤する一方で、国家のデザインに従うのではなく、自分たちが望む社会を創ろうと活動を始めている若者もいる。社会が国家を創るという新しい動きがこの国でようやく始まっている。


　多くの方々のご支援を受けて本書は完成した。特に日本貿易振興会シンガポール事務所アナリスト本田智津絵さんには原稿をすべて読んでいただき、丁寧なコメントやアドバイスをいただいた。シンガポール在住三〇年を超え、自称「シンガポール版歴女」の本田さんには教えられることが多い。心から感謝している。もちろん本書の内容についての責任はすべて筆者にある。

　最後に、学生時代からめこんが出版する東南アジアの本を読み、多くのことを学んできた。めこんの執筆陣に加えてもらえることを、東南アジア研究者としてとても嬉しく思っている。

二〇一六年三月一〇日

田村慶子

————. 2007.『南大图像—历史河流中的省视』南洋理工大学中华语言文化中心.
李路曲. 2005.『当代东亚政党政治的发展』学林出版社.
吕元礼. 2009.『新加坡为什么能？（上・下）』江西人民出版社.
郑良树. 1998.『马来西亚华文教育发展史』（第一分册）马来西亚华校教师总会
林孝胜. 2010.『新华研究—帮权、人物、口述历史』新加坡青年书局.
呈元华. 1999.『务实的决策—人民行动党与政府的华文政策研究1954-1965』联邦出版社.
林清祥等. 1961.『當前憲制头争的任務』新加坡陣线叢書第一编辑.
区如柏. 1992.『百年树人』胜友书局.
王如明编. 1997. 『陈六使百年纪念文集』新加坡：南大事業有限公司・香港南洋大学校友会.
新加坡联合早报编撰. 1994.『王鼎昌走向总统府之路』新加坡报业控股华文报集团.
叶钟铃・黄佟葆编. 2005.『新马印华校教科书发展回顾』华裔馆.
『联合早报』
『南洋文摘』
『圆切线』

Sandhu, K.S. & A. Mani ed.. 1993. *Indian Communities in Southeast Asia*. Institute of Southeast Asian Studies.

Seow, Francis T.. 1994. *To Catch a Tartar – A Dissident in Lee Kuan Yew's Prison*. Yale University for International and Area Studies.

Shiraishi, Takashi ed.. 2009. *Across the Causeway – A Multi-dimensional Study of Malaysia-Singapore Relations*. Institute of Southeast Asian Studies.

Tamura-Tsuji, Keiko. 2003. "The Emergence and Political Consciousness of the Middle Class in Singapore," *The Developing Economies*, XLI-2.

———. 2012. "Changing Family and Gender in Singapore," Hayami, Yoko et al. ed.. *The Family in Flux in Southeast Asia – Institution, Ideology, Practice*. Kyoto University Press and Silkworm Books.

Tan, Jing Quee & Jomo K.S. ed.. 2001. *Comet in Our Sky – Lim Chin Siong in History*. KL: INSAN.

Tan, YL Kevin & Terence Lee. 2011. *Voting in Change: Politics of Singapore's 2011 General Election*. Ethos Books.

Teo, Maggy et al.. 2006. *Ageing in Singapore – Service Needs and the State*. Routledge.

Teo, Soh Lung. 2011. *Beyond the Blue Gate – Recollections of a Political Prisoner*. Strategic Information and Research Development Centre.

Turnbull, C.M.. 1995. *Dateline Singapore – 150 Years of the Straits Times*. Singapore Press Holdings.

Ward, A.H.C., Raymond W. Chu and Janet Salaf. 1994. *The Memoirs of TAN KAH KEE*. Singapore University Press.

Welsh, Bridger et al.. 2009. *Impressions of the Goh Chok Tong Years in Singapore*. Singapore University Press.

Wong, Aline & Leong Wai Kun. 1993. *Singapore Women – Three Decades of Change*. Times Academic Press.

The Straits Times

人民行動党ホームページ　http://www.pap.org.sg/

労働者党ホームページ　http://wp.sg/

【中国語】

南洋大学执行委员会编. 1956.『南洋大学创校史』南洋文化出版社.

林业霖主编. 2002 .『南洋大学走过历史道路』马来亚南洋大学校友会.

———. 2004.『南洋大学史论集』马来亚南洋大学校友会.

李元瑾编. 2002.『新马华人传统与现代的对话』南洋理工大学中华语言文化中心.

———. 2006.『新马华人族群关系与国家建构』新加坡亚洲研究学会・Konrad Adenauer Stiftung.

【英語】

Acharya, Amitav. 2001. *Constructing A Security Community in Southeast Asia – ASEAN and the Problem of Regional Order*. Routledge.

————. 2008. *Singapore's Foreign Policy – The Search for Regional Order*. Institute of Policy Studies.

AWARE. 1996. *The Ties That Behind – In Search of the Modern Singapore Family*. Armour Publishing.

Blackburn, Kevin and Karl Hack. 2012. *War Memory and Making of Modern Malaysia and Singapore*. National University of Singapore Press.

Chan, Heng Chee. 1971. *The Politics of Survival – The Politics of Singapore 1965-1967*. Oxford University Press.

Chen, P.S.J.. 1983. *Singapore – Development Policies and Trends*. Oxford University Press.

Cherian, George. 2000. *Singapore – The Air-Conditioned Nation*. Singapore: Landmark Books.

Chew, Melanie. 1996. *Leaders of Singapore*. Singapore: Resource Press.

Edward, Vickers and Alisa Jones ed.. 2005. *History, Education and National Identity in East Asia*. Routledge.

Flower, Raymond. 1984. *Raffles – The Story of Singapore*. Eastern Universities Press Sdn Bhd.

Gomes, Catherine. 2015. *Multiculturalism through the Lens – A Guide to Ethnic and Migrant Anxieties in Singapore*. Ethos Books.

Hack, Karl et al.. 2010. *Singapore from Temasek to the 21st Century – Reinventing the Global City*. National University of Singapore Press.

Han, Fook Kwang et al.. 2011. *Lee Luan Yew – Hard Truths to Keep Singapore Going*. Straits Times Press.

Jayakumar, S.. 2011. *Diplomacy – A Singapore Experience*. Straits Times Press.

Lau, Albert. 1998. *A Moment of Anguish – Singapore in Malaysia and the Politics of Disengagement*. Times Academic Press.

Lee, Kuan Yew. 1998. *The Singapore Story – Memoirs of Lee Kuan Yew*. Prentice Hall.

————. 2000. *From Third World to First – The Singapore's Story 1965-2000*. NY: Harper Collins.

————. 2012. *My Lifelong Challenge – Singapore's Bilingual Journey*. Straits Times Press.

Leifer, Michael. 2000. *Singapore's Foreign Policy – Coping with Vulnerability*. Routledge.

Li, Tania. 1989. *Malays in Singapore – Culture, Economy and Ideology*. Oxford University Press.

Low, Donald & Sudhir Thomas Vadaketh. 2014. *Hard Choices – Challenging the Singapore Consensus*. National University of Singapore press.

Mauzy, D.K. & Milne R.S.. 2002. *Singapore Politics Under the People's Action Party*. Routledge.

Rahim, Lily. 1998. *The Singapore Dilemma – The Political and Educational Marginality of the Malay Community*. Oxford University Press.

参考文献

文献案内に載せた本以外の主要参考文献・資料。

【日本語】

アブドゥッラー（中原道子訳）. 1980.『アブドゥッラー物語——あるマレー人の自伝』平凡社.

生田真人・松澤俊雄編. 大阪市立大学経済研究所監修. 2000.『アジアの大都市3　クアラルンプル・シンガポール』日本評論社.

生田真人. 2011.『東南アジアの大都市圏——拡大する地域統合——』古今書院.

岩崎育夫. 2005.『シンガポール国家の研究——「秩序と成長」の制度化・機能・アクター』風響社. 2005年.

太田勇. 1998.『華人社会研究の視点——マレーシア・シンガポールの社会地理』古今書院.

顔尚強. 2007.『シンガポール経済を主導するGLC－政府系企業』シンガポール日本人商工会議所.

信夫清三郎. 1968.『ラッフルズ伝——東南アジアの帝国建設者』平凡社.

柴田幹夫・郭俊海編著. 2009.『シンガポール都市論』勉誠出版.

清水洋・平川均. 1998.『からゆきさんと経済進出——世界経済の中のシンガポール・日本関係』コモンズ.

シム, チュン・キャット. 2009.『シンガポールの教育とメリトクラシーに関する比較社会学的研究——選抜度の低い学校が果たす教育的・社会的機能と役割』東洋館出版.

高原明生・田村慶子・佐藤幸人編. 2008.『現代アジア研究第1巻——越境』慶應義塾大学出版会.

田中恭子. 2002.『国家と移民——東南アジア華人世界の変容』名古屋大学出版会.

田村慶子. 2013.『多民族国家シンガポールの政治と言語——「消滅」した南洋大学の25年』明石書店.

————. 2004.「リーシェンロン時代の幕開けと課題」『海外事情』10月号.

————. 2013.「民主化に向かうシンガポール——2011年総選挙と活発化する市民社会」『国際問題』10月号.

鍋倉聰. 2011.『シンガポール「多人種主義」の社会学——団地社会のエスニシティ』世界思想社.

服部民夫・船津鶴代・鳥居高編. 2002.『アジア中間層の生成と特質』アジア経済研究所.

リム, S・W・ウィリアム（宇高雄志訳）. 2004.『21世紀アジア都市の未来像——シンガポール人建築家の挑戦』明石書店.

ロダン, ギャリー（岩崎育夫・田村慶子訳）. 1992.『シンガポール工業化の政治経済学——国家と国際資本』三一書房.

渡邉昭夫編. 1997.『アジアの人権——国際政治の視点から』日本国際問題研究所.

アジア経済研究所.『アジア動向年報』.

済評論社.
林俊昭編. 1990.『シンガポールの工業化——アジアのビジネス・センター』アジア経済研究所.
丸谷浩明. 1995.『都市整備先進国シンガポール——世界の注目を集める住宅・社会資本整備』アジア経済研究所.

対外関係

山影進. 1997.『ASEANパワー——アジア太平洋の中核へ』東京大学出版会.
———. 1991.『ASEAN——シンボルからシステムへ』東京大学出版会.
リー, クアンユー（田中恭子）訳. 1993.『中国・香港を語る』穂高書店.
リー, クーンチョイ（伊藤雄次訳）. 1985.『七ヵ国目の駐日大使——シンガポールの積極外交』サイマル出版会.

社会・教育

太田勇. 1994.『国語を使わない国——シンガポールの言語環境』古今書院.
大原始子. 1997.『シンガポールの言語と社会——多言語社会における言語政策』三元社.
奥村みさ. 2009.『文化資本としてのエスニシティ——シンガポールにおける文化的アイデンティティの模索』国際書院.
斎藤里美編. 2002.『シンガポールの教育と教科書——多民族国家の学力政策』明石書店.
西岡香織. 1997.『シンガポールの日本人社会史——「日本人小学校」の軌跡』芙蓉書房出版.
田村慶子・篠崎正美編. 1999.『アジアの社会変動とジェンダー』明石書店.
田村慶子・織田由紀子編. 2004.『東南アジアのNGOとジェンダー』明石書店.
山下清海. 1988.『シンガポールの華人社会』大明堂.

文学・映画

宇戸清治・川口健一編. 2001.『東南アジア文学への招待』段々社.
タンブー, エドウィン編（幸節みゆき訳）. 1980.『異邦のことばで——シンガポール・マレーシア英語詩編』幻想社.
陳徳俊編（福永平和・陳俊勲訳）. 1983.『シンガポール華文小説選（上・下）』井村文化事業社.
苗秀（福永平和・陳俊勲訳）. 1985.『残夜行』めこん.
盛田茂. 2015.『シンガポールの光と影——この国の映画監督たち』インターブックス.
リム, キャサリン（幸節みゆき訳）. 1984.『シンガポーリアン・シンガポール』段々社.

文献案内

ここではシンガポールのことをさらに知りたい人のために、日本語で書かれた一般書を中心に、シンガポールに関する基本的な本を分野別にまとめた。

全般

田中恭子．1984.『シンガポールの奇跡――お雇い教師の見た国づくり』中公新書.

田村慶子. 1993.『「頭脳国家」シンガポール――超管理の彼方に』講談社現代新書.

田村慶子編．2013.『シンガポールを知るための65章』明石書店.

田村慶子・本田智津絵．2014.『謎解き散歩シンガポール』KADOKAWA.

歴史

明石陽至編．2001.『日本占領下の英領マラヤ・シンガポール』岩波書店.

岩崎育夫．2013.『物語シンガポールの歴史――エリート開発主義国家の200年』中公新書.

許雲樵・蔡史君編（田中宏・福永平和訳）．1986.『日本軍占領下のシンガポール』青木書店.

コリス, M.（根岸富二郎訳）．1969.『ラッフルズ――その栄光と苦悩』アジア経済研究所.

シンガポール市政会編．1986.『昭南特別市――戦時中のシンガポール』社団法人日本シンガポール協会.

シンガポール日本人会．1978.『南十字星――シンガポール日本人社会の歩み』（創刊10周年記念復刻版）.

早瀬晋三．2007.『戦争の記憶を歩く　東南アジアのいま』岩波書店.

リー, クーンチョイ（花野敏彦訳）．1987.『南洋華人――国を求めて』サイマル出版会.

政治・行政

岩崎育夫．1996.『リー・クアンユー――東洋と西洋のはざまで』岩波書店．1996年.

清水一史・田村慶子・横山豪志編．2011.『東南アジア現代政治入門』ミネルヴァ書房.

竹下秀邦．1995.『リー・クアンユーの時代』アジア経済研究所.

田村慶子．2000.『シンガポールの国家建設――ナショナリズム、エスニシティ、ジェンダー』明石書店.

ハン, フッククワン他（小池洋次監訳）．2014.『リー・クアンユー未来への提言』日本経済新聞社.

リー, クアンユー（小牧利寿訳）．2000.『リー・クアンユー回顧録（上・下）』日本経済新聞社.

産業・経済・労働

岩崎育夫．1990.『シンガポールの華人系企業集団』アジア経済研究所.

ゴー, ケンスイ（渡辺利夫他訳）．1983.『シンガポールの経済発展を語る』井村文化事業社.

清水洋．2004.『シンガポールの経済発展と日本』コモンズ.

坪井正雄．2010.『シンガポールの工業化政策――その形成過程と海外直接投資の導入』日本経

や

ら

は

ま

た

な

か

さ

索引

あ

田村慶子（たむら・けいこ）　福井県生まれ。津田塾大学大学院国際関係学研究科修士課程修了。九州大学大学院法学研究科博士課程修了。博士（法学）。現在は北九州市立大学法学部政策科学科教授。専攻は国際関係論、東南アジア地域研究。シンガポール国立大学客員研究員（2011～12年）を含めて、数多くのシンガポール滞在経験（長期、短期）を持つ。
主要著書　『「頭脳国家」シンガポール――超管理の彼方に』（講談社、1993年）、『シンガポールの国家建設――ナショナリズム、エスニシティ、ジェンダー』（明石書店、2000年）、『多民族国家シンガポールの政治と言語――「消滅」した南洋大学の25年』（明石書店、2014年）、『東南アジアのNGOとジェンダー』（共編著、明石書店、2004年）、『現代アジア研究第1巻――越境』（共編著、慶應義塾大学出版会、2008年）、『東南アジア現代政治入門』（共編著、ミネルヴァ書房、2011年）、『シンガポールを知るための65章』（編著、明石書店、2013年）など。

アジアの基礎知識 2　**シンガポールの基礎知識**

初版第1刷発行 2016年4月20日

定価2000円＋税

著者	田村慶子©
装丁	菊地信義
発行者	桑原晨
発行	株式会社めこん
	〒113-0033 東京都文京区本郷3-7-1 電話 03-3815-1688　FAX 03-3815-1810 ホームページ　http://www.mekong-publishing.com
組版	字打屋
印刷	株式会社太平印刷社
製本	株式会社三水舎

ISBN978-4-8396-0294-9　C0330　¥2000E　0330-1603294-8347